鉄筆とビラ

「立高紛争」の記録1969-1970

都立立川高校「紛争」の記録を残す会／編

同時代社

学習権とは、
読み書きの権利であり、
問い続け、深く考える権利であり、
想像し、創造する権利であり、
自分自身の世界を読みとり、歴史をつづる権利であり、
あらゆる教育の手だてを得る権利であり、
個人的・集団的力量を発揮させる権利である。

第四回ユネスコ国際成人教育会議（パリ）の宣言（1985・3・29）より抜粋

当時の校舎正門と正面

生徒は、この塔を
目指して登校した

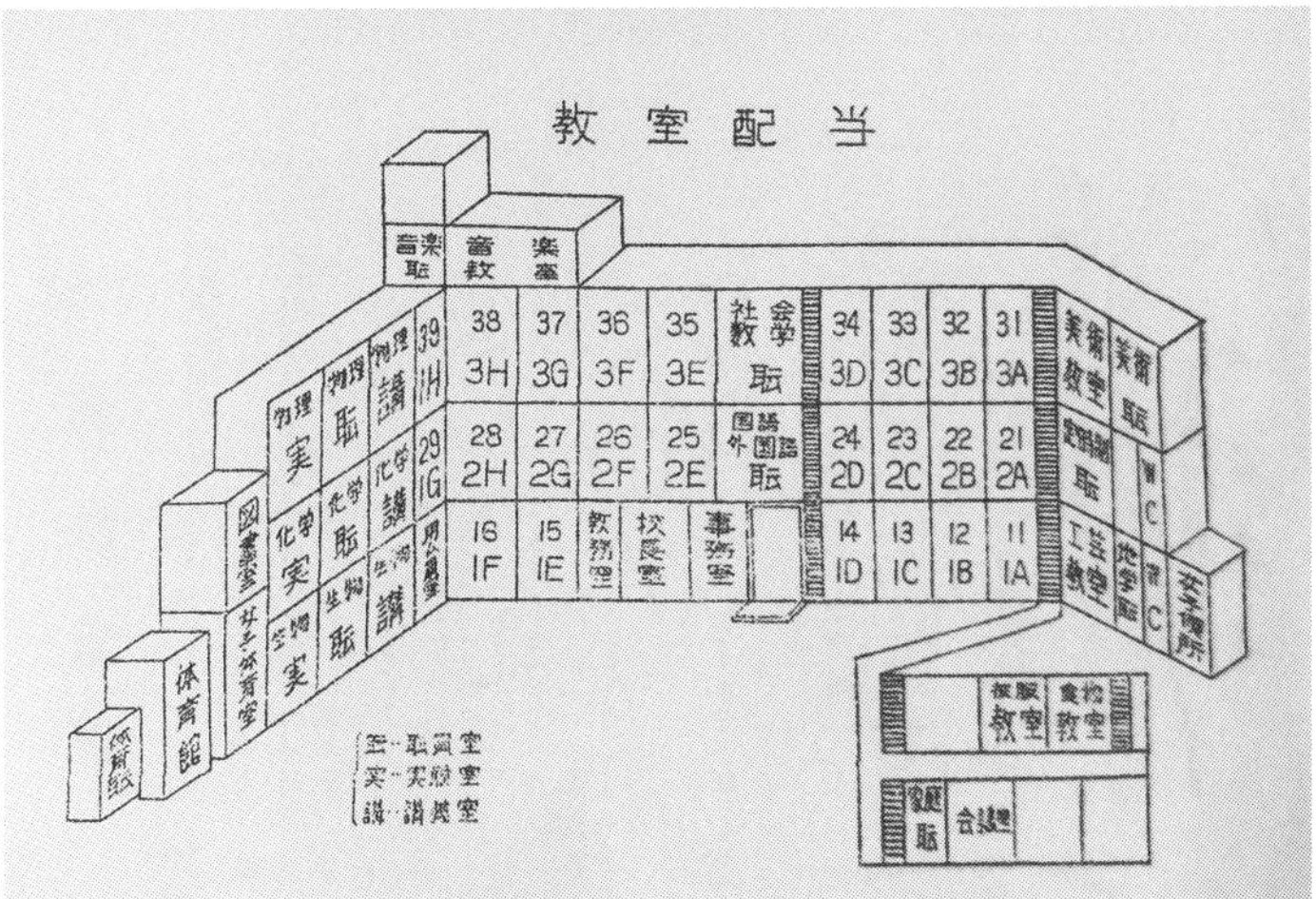

当時の
教室配当図

噴水池
(30ページ参照)

校舎内部階段
合唱祭に向けて
最高の練習場所
(139ページ参照)

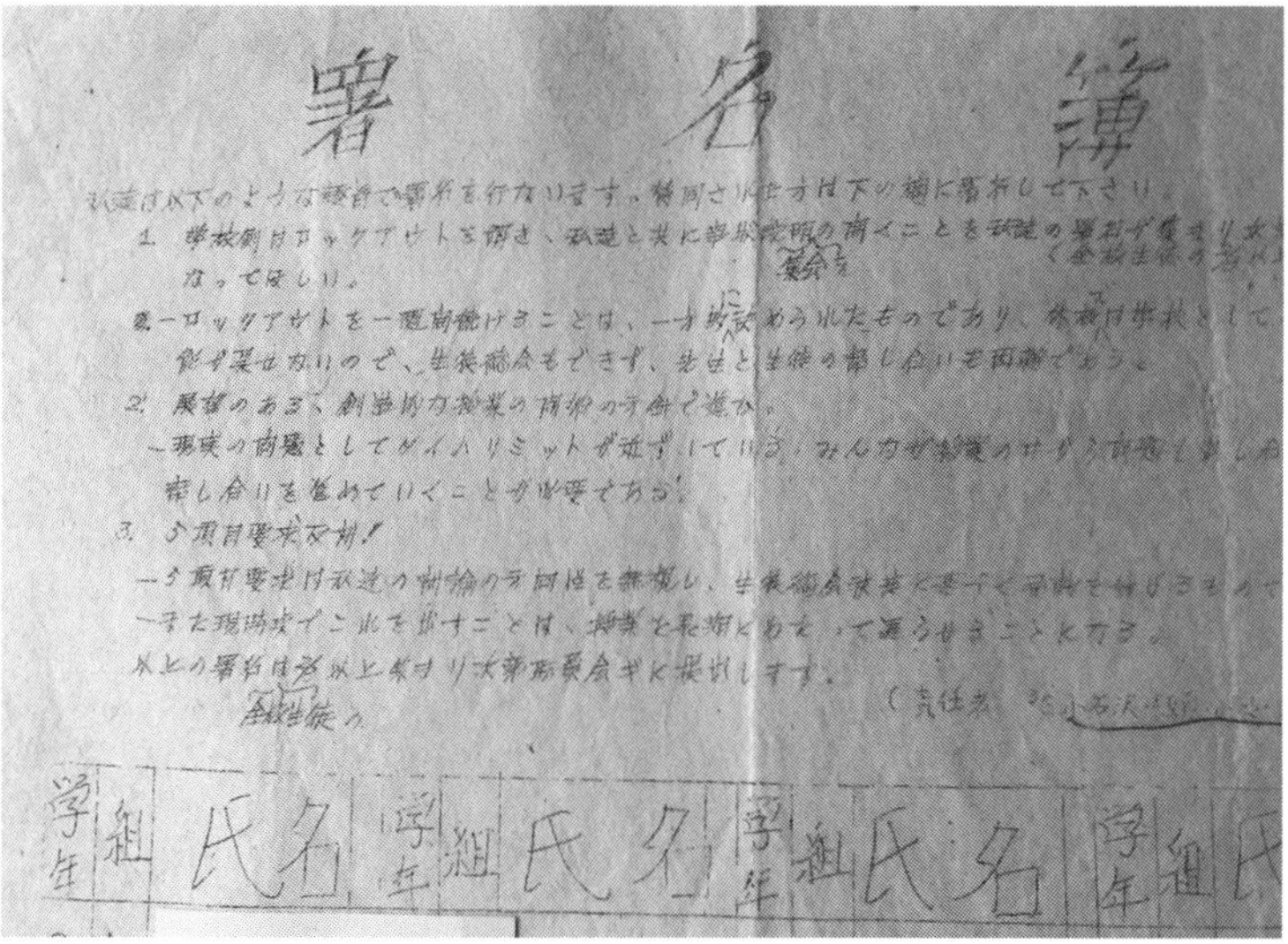

「800名署名」用紙
（70ページ参照）

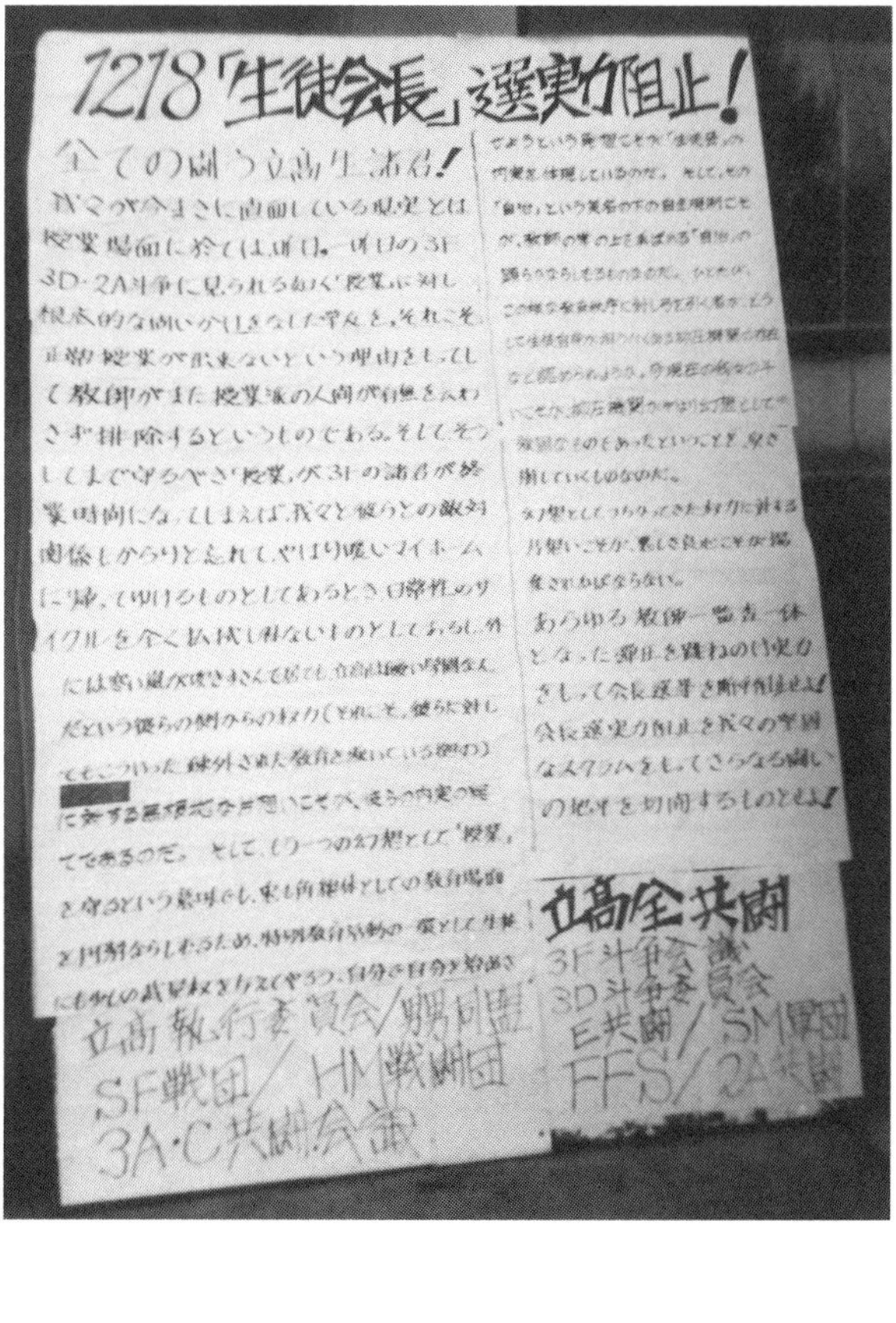

立て看板
（89ページ参照）

キャンバス
（54ページ参照）

立高祭パンフレットと祭のひとこま

手のひらサイズの立高歌集（54ページ参照）

鉄筆とヤスリ板とロウ原紙（47ページ参照）

まえがき

２０１９年は全国各地で「高校紛争」が吹き荒れた１９６９年から、ちょうど50年たったことになる。私たちの母校である都立立川高校（口絵写真参照）でも、１９６９年10月にバリケード封鎖が行われた。バリケード封鎖とその後の経過は、当時多感な高校生だった私たちにとってあまりにも衝撃的だった。今でも、あのころ発行されたビラ（カバー写真参照）などを大切に持ち続けている学友たちが何人もいる。

この小著の作成のきっかけは、封鎖当時2年生だった、立川高校23期生（１９６８年4月入学）の２０１８年秋の同期会だった。一部有志で始まり、22期生、23期生の知人に呼びかけて実行委員会をつくり、前述した「大切に持ち続けている」学友たちの貴重な資料の提供を得ることができた。すでにお亡くなりになった先生も少なくないなか、当時の担任を中心とする教職員の方々のご協力もいただいて、生徒側だけでなく、教員側からの見方や資料も含めて、「紛争」の全体像の構築につとめた。

私たちは、直接原資料に当たり、予断も偏見もなく、「ありのままに」当時を再現したかった。50年前の出来事を、50年後の感覚で「決めてかかる」のではなく。この点で、23期生の望月正大氏による、１９

73年に大学生として書いたレポートの提供は、「これで作れる！」という思いを私たちに抱かせてくれた。集めたビラや文書は1969年10月20日から70年3月のものだけで243種類にのぼったが、その資料の山にいざ取り掛かろうとしたところ、難題に直面した。それは、当時の高校生が出したビラに日付が書いていないことだった。途方に暮れそうになった時、23期生の志村修司氏が、当時リアルタイムでB4版の大きなアルバムに日付ごとに資料を整理していたことがわかり、私たちへの提供も快諾してくれた。その資料というのは、ビラ、教員側の文書はもとより、「立高紛争」に関する新聞記事、職員会議が全家庭に郵送した封書や固定電話がない家に送った電報、さらに彼の当時の生々しいコメントまであるものだった。

これによって、資料を時系列順に並べることができた。次にビラ・文書のテキストデータ化に取り組んだが、なにしろ50年前の歴史的資料である。紙は茶色くなっており、文字は劣化し、所々判読できない。うんうんうなりながら解読してデータ化していった。この結果、50年前の高校生の主張（ビラ）や教員側の文書を時間の経過に沿って整理し、言葉を採録して紛争の実像を描くという方法が可能になったのである。こうして第1部「実録」は完成へと進んだが、それと並行して私たちの議論は、「立川高校『紛争』をどうみたらいいのか」や「その今日的意義」にも及んだ。第2部では、そうした議論の成果と、当時の高校生群像のほんの一例として、3人の手記を載せることにした。当時の「生々しい現実」について、「実録」では描ききれなかった部分の描写を追求したつもりである。

50年後の現在、高校や、当時の「高校紛争」に大きな影響を与えたと考えられる大学のキャンパスの状況は、かつての「紛争」などなかったかのようである。このまま埋もれさせたくない、その一心で私たちは小著を編んだ。小著の出版を機に、あの「紛争」とは何だったのか、こんにちそれについて考えることはどんな意義を持っているのか、現在のわが国で民主主義はどうなっているのか等々の議論や「あのころのことを、もっと知りたい」といった声がわきおこることを願ってやまない。

２０１９年12月　都立立川高校「紛争」の記録を残す会

凡例

＊本文や資料編に出てくる名前は、イニシャルではなく、個人名を用いた。個人名は、すべて仮名とした。
＊本文中の〈　〉にある番号、たとえば〈B22〉とは、第３部資料編に載せた資料のB22をさす。
＊差別的表現など、こんにちでは不適切なものがあるが、原文のまま載せたことをご了解いただきたい。
＊引用文中の［　］は引用者のつけた注である。
＊引用文中の×は判読不能の意味である。

鉄筆とビラ ――「立高紛争」の記録1969―1970／目次

50年前は、どういう時代だったか——「文明礼賛のお祭り騒ぎ」と「異議申し立て」

「アポロ11号の月面着陸」は1969年のことだった。68年の日本では政府主導で「明治百年」がうたわれ、近代化＝進歩と礼賛された。70年の開催に向けて、大阪では万国博覧会が準備されていた。

　その一方、激化するベトナム戦争では、圧倒的な物量（まさに文明の象徴）を誇るアメリカ軍がベトナムで無差別に猛爆撃を加え、ゲリラの潜むジャングルに「枯葉剤」の名でダイオキシンを散布していた。その米軍機が離発着する基地があるのは日本で、立川高校のすぐ近くの横田、立川両基地からも毎日のように飛び立っていた。その日本では、「高度経済成長」がうたわれる反面、水俣病やイタイイタイ病や喘息などが人々の身体をむしばみ、東京の空は亜硫酸ガスなどでどんよりと曇っていた。戦後最大の大衆運動とも呼ばれ、20万人が国会を取り巻いたとされる60年安保条約反対闘争から10年、その日米安全保障条約の自動延長か廃棄かをめぐって70年は大闘争が再燃するのではないか、という観測もあった。

　そんななか、多感な若者たちは世界で、日本で、手放しの文明礼賛に異を唱えたのではなかったろうか。フランス、パリ中心部のカルチェラタンにバリケードが築かれて「解放区」と化したのは68年5月のことだった。アメリカでベトナム反戦運動が盛り上がるなか、1969年8月に「愛と平和」を掲げ、ウッドストックと呼ばれた野外コンサートが足かけ4日間続けられて40万人が集った。日本では、68年10月21日の国際反戦デー[1]で新宿駅構内の一部は火の海となり、大学では日大闘争、東大闘争に続いて全国でバリケード封鎖が相次ぎ、69年の新宿駅西口地下広場は毎週土曜日に数千人の「フォークゲリラ」に占拠されていた。

注

1　1966年10月21日、当時の日本の労働組合の全国的な連合組織である総評（日本労働組合総評議会）が「ベトナム反戦ストライキ」を実施し、全世界にベトナム戦争反対を呼びかけたことにはじまる。

第1部　実録「立高紛争」

第1章　バリケード封鎖から解除まで

——動揺そして混迷（10／20〜26）

1　とつぜんのバリケード

10月22日、朝。晴。いつもの通学路をトボトボと歩いていた自分が、校門の見える角を曲がったとたん、その異様な雰囲気に思わず足を止めた。先生が慌ただしく動き回っていた。登校する生徒一人ひとりに指定した教室へ行くように指示していた。

バリケード封鎖…。

この文章は、1973年、当時大学一年の秋月君が一般教養社会学で提出したレポートの書き出し部分である。[2] 1969年10月22日。「高校紛争のピークは、年度で区切れば1969年度である。この年度内でも、とくに紛争が集中したのが、69年9月〜70年3月、つまり二、三学期である」（小林哲夫『高校紛争』中公新書）。

その前年、1968年は全国各地で「大学紛争」が連日のように報道された。私たちにはことの本質はよくわからなかったが、1969年にはいって、テレビでは安田講堂の攻防戦なる映像が延々と流され、東大入試の中止が世間に衝撃を与えた。その後を追うように、高校でも封鎖、ストライキ（授業ボイコット）などが起こっていた。また、10月21日は「国際反戦デー」として、「ジュッテン・ニィイチ」と広く呼称されていた。

私たちが通っていた都立立川高校（以下「立高」と記す）でも、10月20日（月）早朝、各教室の机上にビラが配られ、いまわかっているだけでもストライキ関係では3種類のビラが当日発行された（第3部参照）。そのうち、「文責　加多頭たけし」とあるビラ『檄文』〈B20〉には、こうある。

一、全学バリケード無期限ストの事　一、十一月戦争の事［中略］
そんな事、全然分らない者の痛み、学ぶ者の負い目は一瀉千里にバリケードへ。フラストレーションの発散でしょうか？　いえいえそれは…なりませぬ。生活と権利を守る、しかし守るべき何者をも持たぬ者は何を守るのだろうか。バリケード死守。

また、ビラ『怨みをこめてふりかえれ！』〈B21〉は2600字以上にものぼるもので、サブタイトルは「10・21反戦反安保教育秩序強姦スト決行宣言」となっており、発行者名は「立高徒党にせ乞食」、最後に執筆者と想定される「えふ」があるものだった。このビラが多くの立高生に与えた影響は、はかりしれなかった（第２部第10章参照）が、それは、こんな文章で始まっていた。

それは、はなはだ微妙な性の代数学であった。この真夜中の思索は翌日、わずかにＡとかＢとかの答えを与えてくれたが、それ以上得るところはなかった。試験に合格し卒業証書をもらえば、さっさと追いだされてしまうのである。そのあいだ臀はただ椅子に座るために用いられ性器は排尿のために用いられるだけであった。教科書と洗面所との中間地帯には決して踏み入ることができなかった。そこには性交というラヴェルが貼ってあるからだ。小便も自慰行為もご随意だがほんとうの交合はまかりならぬというわけである。［中略］ヴェトナムでもヒロシマでもなく、我々が生かされているこの情況からの出発を、生かされている時に、『よりよく生かされる』なんてぇ　ぶざまでみじめったらしいまねはできない！　という、しごく自然な宣言としたい。［以下、第２部第10章参照］

２時間目終了後の休み時間に、放送部室から男子の声で「ストライキ（以下「スト」）宣言」の校内放送。昼休みに生徒の中央委員会[3]（以下「中央委」）が約半年ぶりに開催され、三年生の中央委員からの「10・21反戦デーにストを行うことの賛否を各ホームルーム（以下「ＨＲ」）で話し合う」という提案を可決。職員会議に申し入れて午後の授業はＨＲに変わり、討論が行われた。その結果、スト提案を可決したクラスは皆無だった（賛成・反対・保留がほぼ同数、というものが５クラス。この５クラスを「スト決議をあげたクラス」とする記録もある。各学年Ａ組からＨ組まであり、全校で24クラスあった）。

３種類のビラのうちの一つ、『10・21全学ストを貫徹せよ！』（立高解放委編集局）〈Ｂ22〉の文章の最後には、

反戦・反安保　教育秩序に総反乱を！
10・20各Ｈ・Ｒスト決議後　討論集会に結集せよ！　ＰＭ３：00〜　噴水前広場にて
10・21スト決行　全校集会　ＡＭ９：00〜　正門前広場にて

とあった（戦、総、議、論などは、当時流行していた、中国語の簡体字風に書かれている）。

翌21日。全校的には平常授業が行われたが、中央玄関前では二、三年生を中心に無届集会が開かれていた。その人数は、時間によって増減があったようだが、40名〜１５０名、２００名などの記録がある。午前９時過ぎ、正門に「スト決行中」の立て看板が設置され、途中で数名がヘルメットをかぶって「授業粉砕」などと叫びながら校舎内を一巡。休み時間には、集会参加生徒とスト反対生徒とが論争する場面も見られた。放課後、三年生中心に立川基地ゲート前までデモが試みられ（約20名という記録あり）、夜定時制の授業が行われている時間帯に校内に戻って集会を開いた。秋月君のレポート。

当時、立川市にはまだ米軍基地があり、ヴェトナム戦争が最も激しい時期でもあって、立川市の基

地から飛び交う軍用機の騒音は、いやがおうにも戦争協力国日本を印象づけていた。おりしも、10・21国際反戦デーにおいて、基地を抱える立川市、その中にある立川高校生が反戦運動を展開したということは別段不思議なことでもなかった。しかしバリスト［バリケードストライキのこと］派は全学ストの提起根源《ママ》を集会の頭初《ママ》において〝反戦〟であったものを、いつの間にか〝反動的教育秩序〟にすり替えて、集会の終わりの方ではさかんに「教育秩序に総反乱を！」と叫んでいた。

この10月21日という日付が入った一枚のビラがある。タイトルは『全学総決起への第二宣言』で、発行者の名は「立高徒党にせ乞食もしくは肉感主義者同盟」。そのビラ〈B23〉の一節。

十月二〇日の、三時間から七時間にわたる討論における、すべての植物的頭でっかち諸君の、爛々と理性に輝くふたつのめだまの中に我々が視《み》たものは、現実に一度だってふれることなく、いかがわしい「真理」を生み出すことのできた中世の教会の処女、まさに自分で自分の墓をほっている（これは何の比喩でもない）永久のみにくいあひるの子だ。諸君の頭は、ケチつけと方弁《ママ》と自己欺瞞でみちみちている。［中略］そんな人間の名にも値しないような諸君の毒々しい10・21をこそ我々は告発しよう。我々は神様ではないから、諸君をあたたかい慈愛の手でだきしめ、そのうじうじしたきれいなまぶたに息をふきかけて、変革への目を開かせてやるなんぞという気味の悪いことはできないのだ。今日明日中にも落ちてこようとしている爆弾―全ての高校生をキンヌキにしようという許せない企てである。政治活動を禁止し、女は女らしく帝国主義の嬰児を生みおとしていればよいという手引き書[4]を準備し、外にむかっては侵略と抑圧の更なる強化をおしすすめている奴らのこおるような冷たい血と、今日教室に入っていく君たちの血とを、はっきりと区別するものは何なのだ。あるものか。その君たちが、反戦だ、今の教育体制はよくありませんとよくもまあぬけぬけと恥ずかしげもなく！
我々は君たちとも斗かわねばならない。「内ゲバ」などという言葉は珍奇である。何が「内」なものか。
徒党にせ乞食もしくは肉感主義者同盟は、ここに君たちへの斗争の開始を宣言する。それこそ人間味あふれるというものだ！

そして、22日未明にバリケード封鎖が行われたのだった。このビラもそうだが、20日から発行されたビラのどこを見ても「校舎を封鎖する」という文言は見当たらない。そういう意味で、多くの生徒たちにとって、「とつぜんのバリケード」だったのだ。秋月君のレポート。

当初、我々一般生徒には、何故バリケード封鎖するのか、その必要性が理解できなかった。実際、バリスト派は何らかの具体的要求を示して封鎖したものでもなかった（と思えた）。

2　バリケード封鎖二日目まで

22日（水）。封鎖は早朝、窓ガラスを破って校舎2階に入った生徒たちにより行われた。二年生のHR8教室（定時制との共用教室を含む）と国語科・外国語科・定時制教員の職員室がそこにあった。封鎖は、防火扉を下ろし、机・椅子・ロッカーを積み重ね針金で巻いて階段を遮断。ただし、生徒昇降口の上にバルコニーがあり、その右側にあった編集部室（『立高新聞』を発行していた。62ページ参照）から校舎内に入ることができた。彼らはそこを検問所の形にして、彼らが認める者の出入りは自由にして、〝開放されたバリケード〟と称していた。「開放」については、こんなエピソードがある。後に記す4教室封鎖の自主解除の際、バリケード封鎖を重く受け止め、その場を離れることが出来なかった当時二年生の中林君は、封鎖を行ったリーダーの二人、古田さんと原口君が語気鋭く論争していたのを目撃していた。原口君が〝解放バリケード〟と書いたのに対して、古田さんがすごい剣幕で「解じゃなくて開でしょう！」と叱りつけていた（その後のビラなどには両方見られるが）。1階の一年生、3階の三年生は自分たちの教室に入ることができた。教員側は二年生を特別教室に誘導して、そこを臨時のHR教室にした。生徒会執行部（以下「執行部」）は、校内放送で「バリケードの是非ではなく、バリケードの提起した問題を考えよう」と呼びかける。そして、「二年生がバリケードの是非論に陥っている」として、各学年1クラスずつの縦割りHRを職員会議に要求し、承認され、午前中はそれが行われる。午後は同じく執行部の要求で生徒総会がひらかれ、25日・26日に文化祭を予定していた定時制生徒と全日制生徒との合同集会の提案が可決された。帰宅しない生徒も見られた。
ここで、定時制が使用している４教室の封鎖がいったん自主的に解除された。合同集会は、バリケードを解除して定時制の文化祭が行われた後でなければ、と定時制の執行部に拒否され、定時制も生徒総会をひらく。教員側が宿泊体制をとり始める。都の教育庁指導部も来校したという。「バリケードを解く条件は？」と聞かれたバリケード派（以下「バリ派」）のリーダーの一人は「立高そのものが、社会に対する叛逆のバリケードになった時」と答えたとされ、マスコミなどで「要求なきバリケード」と報道された。
この時の全日制の生徒総会について、秋月君のレポートから。

総会では封鎖に対する質問が多く出たが、バリスト派は質問に答えるより、逆に相手を問い詰める手法でマイクを独占しアジった［聴衆を扇動する、という意味のアジテーションを行ったということ］。異様な興奮状態の中で、心情的に反応し動揺した生徒が少なくなかった。「根本的問いかけ」とか、「日常性を否定せよ」と問い詰められて即返答することが高校生にできるだろうか。

翌23日（木）。いったん自主解除された定時制４教室は、合同集会を断ったという理由で再封鎖され、バリ派は「闘う文化祭を行うなら出入りを認める」と宣言した。この日は、執行部を構成するメンバーの個人名のビラや、バリ派のビラが複数出された（第３部参照）。執行部はＨＲの議題として「生徒心得撤廃・手引書粉砕・単位制度撤廃」を提起した〈Ｂ25〉。10時半から始まった生徒総会は、午後「通常のＨ

R討論に切り替える」動議を可決。一方、定時制の生徒総会は文化祭を行う方針を可決した。生徒部の教員団がバリ派生徒の説得を試みたが失敗。定時制生徒２人がバリケードの中に入って、バリ派生徒と長時間討論する姿も見られた。この日、生徒会長を文責として出された『「10・22」全学集会執行総括』というビラ〈B25〉には、こうある。

　確認事項
　我々にとっての致命的なものはスト提起《マ》し《マ》た時点における問題とするところの教育に対する根本の問題の検討が不足していたということである。何が問題でバリケードストまで発展したのか、そこのところをこれからのＨＲ討論で話し合われなければならない。何が不満なのか、何を訴えていくのか、処分・手引書・心得・文部省通達ｅｔｃ．個々の問題を各ＨＲではなしあっていこう。
　執行方針
…討論の結果としてバリストへの対応策が行なわれなければならないということである。［後略］

３　バリケード反対のビラが出た

24日。この日も多数のビラが出たが、教員側と生徒側それぞれから、バリケードに反対する印刷物が初めて出された。

職員会議の名で出された『生徒諸君に訴える』という文書〈B33〉は、「定時制職員から全日制職員への連絡要望（二十三日夜十二時）」という文書を資料として、「バリケード封鎖というその手段は決して容認できない」とし、「現在の封鎖生徒の健康状態や定時制文化祭［中略］などを考慮せざるをえず、封鎖解除は目下の急務です。解除のタイムリミットを十月二十四日午後三時とします。」と記し、さらにこう書いている。

一、教育問題の改善に対する全校的努力を前提として〝教育問題検討委員会（仮称）〟をつくることを各ＨＲで検討・確認する。その委員会を中心として立高がとりあげるべき問題点を整理する。

二、十月二十五日は定時制文化祭なので休業とする。

三、十月二十七・二十八・二十九日はＨＲ及び合同ＨＲにあてる。

四、十月三十日から授業を再開する。

また、「3年有志」として文責に一人の女子生徒の名前が書かれているビラ〈B34〉に注目したい。執行部の個人名のビラを除くと、これまで個人名が明記されたビラはなく、バリケード封鎖を推進しようという立場のビラは、団体名・イニシャル・ペンネームで出されてきた。今回バリケード封鎖に反対して最初に実名を出したのは、三年の女子生徒だったのだ。

すべての立高生は［中略］ここで団結しなければならない。もし団結しなければ、生徒の分裂、無関心層の増大、流血事件、機動隊導入ｅｔｃ．を我々自身の手でつくり出す事に他ならない。現時点で我々が一致できる点、又どうしても一致しなければならない点はバリケード解除である！［後略］

これとほぼ同時に３Ｇ小沢の個人名で出されたビラ〈Ｂ35〉には、こう書かれている。

［バリケード封鎖は］あまりにも我々を無視したやり方ではないだろうか。二十日の討論の段階において、大多数がストに批判的であり、何の為にやるのかわからなかったのです。しかし彼等はそれ以上の討論を追求しなかった。

このビラでは、授業を受ける権利を踏みにじった、封鎖の非民主性を批判し、あわせて、現在の教育についての批判を述べ、立高の教員にも要望を出している。そして、次のように書いている。

その為には彼等が封鎖を解き、クラス討論なり、全学集会なりで封鎖が必要なものであるなら、そのことを全員に問いかけ、討論をすべきである。

一方、この日、バリ派支持の立場からのビラも出された（第３部参照）。二つ紹介したい。一つは、「全学ストライキ実行委（準）の名で、五つの項目を教員側に要求して全学ストライキを提起したもの〈B37〉。五つの項目を以下に記す。

一、生徒心得撤廃　一、処分制度撤廃　一、通達[5]を代表とする、文部省［現文部科学省］の教育管理に抗議せよ　一、職員会議の公開　一、進級規定から授業出席時間数の項を削除する（出席をとらない）

もう一つは、「一年有志、二年有志」と銘打って、一、二年別々の代表名と全体の文責の個人名を記したもの〈B31〉。ここには、こうある。

［教員側の、午後3時を期しての封鎖解除は］我々の肉体をもって阻止することをここに宣言する。［中略］バリケード封鎖解除断固阻止！　問題の欺瞞的解決粉砕！　学校側の犯罪的態度の追及を！　立高の学友諸君は直ちに第二朝礼場に結集せよ！

4　バリケードを守るピケ隊[6]

この24日（金）朝、校内放送で生徒会長は「バリストの訴えは大なるものがあったが、バリケードの存続性はない」と述べた。各HRで教員は、前述の『生徒諸君に訴える』を配布して考えを説明。しかし執行部は放送でHRの中断と生徒総会の再開を呼びかける。この時の生徒総会について、秋月君のレポートから。

　　この総会は講堂を使わず、封鎖されている2階から見下ろせる噴水池付近で開かれた。職員によるバリケード解除を生徒会執行部が警戒したからで、バリスト派はバリケードの中からヘルメット覆面姿で演説をし続けた。

　この生徒総会の最中に、タイムリミットだとして教員が軍手をして封鎖の実力解除を試みたが、約100名の生徒たちがピケ隊となって座り込んで阻止した。これに加わった二年生の中林君は、のちにバリ派を批判するが、この時の心情を「手段は悪いが、彼等の問題提起をここで収拾してはならない」と考えていたと述懐し、今年、以下のようなメールを寄せてきた。
「私は初めの頃心情的にバリスト派に傾きました。彼らの暴力性やファッショ性にも関わらず…そんな批判はわかるけど、彼らだって分かっているはず。にもかかわらず、自らのリスクを顧みずあそこまでやる、やらざるを得ない、彼らの心情を同世代としてわかってあげたい！　現状を受け入れないスタンス、己すら自己否定する潔さ。権力、権威、常識、秩序への苛立ち。いわゆる体制側への嫌悪感に惹かれていました。確かに自分の中にある進学校故のプライドがあり、良い子でいようとするずるさ、もしかしたら体制側にからめとられるかもしれないという不安。でも偽らずに生きたい、そんな後期思春期の青臭い葛藤に、彼らの心情吐露が共振しかけました。だから彼らは間違っている、というだけで断罪されていいのか？己は彼らに対置する答を持ち得てるのか？　こんな中途半端な私が暴力とか、器物破壊とか、学習権剥奪とか、既定の正論、既定の常識、既定のルールで彼らのすべてを否定できるのか…と考えてました。蒼い世代として、同世代として、未熟な世代として、きっぱりと切り捨てる勇気がなかなか持てませんでした。
［後略］」

こうした立場は、当時親バリ派とか心情バリ派とか呼ばれたが、秋月君のレポートにもこうある。

ピケにこそ加わらなかったが、それに同調する者はあの時点で１００名ではきかなかったであろう。日常生活の味気なさ、主体的意志を持っていない自分、自らの積極性欠如を感じながらも、外からの圧力をそれ以上に感じ取っていた敏感な高校生たちであった。

ここで、当時そうした考えや気持ちを持っていたが、のちにバリ派を批判するようになった、あと二人の二年生に登場してもらおう。まず中田君の半年後の述懐から（立高新聞１９７０年４月15日号）。
「［一年前の文化祭のクラス展示で、教育の矛盾点を考えた。そこで、］誰かが火蓋を切らねばならぬ改革において［中略］、バリスト派と自称する人たちがなり得ている［と考えていた］」。
次に堂安君の50年後の言葉。

「田舎育ちで、中学生のころはラジオを作ったり剣道をしたりすることに夢中だった。立高に入学して、一年生の時は周りの友達のすごさに圧倒されて萎縮してしまった。クラブのコンパ等の時に、ベトナム戦争や東大紛争の話が出て、少しずつ社会に関心をもつようになった。二年生で男女クラスになり[7]、授業の中で3分間スピーチをしたり、宿泊遠足［62ページ参照］で語り合ったりして、だんだん自分をさらけ出せるようになった。それをきっかけにして異性の友人ができ、彼女から『チボー家の人々』や『人間の条件』などの社会派の本を貸してもらって夢中で読み、集会やデモが身近なものになり、一時はバリ派に惹かれていった」。

5　バリ派によるバリケード「自主」解除

これまで見てきたようなバリ派への共感は、一定の割合で存在していたことだろう。しかし、24日の生徒総会では、バリケードの自主解除を要求する決議が賛成多数で可決された。これに対して、バリケードに立てこもる生徒が泣きながら抗議し、「命をかけてバリケードを守り抜く」という趣旨のことを訴えた。午後7時ころ閉会動議が可決されて生徒総会は終了したが、２００名ほどの生徒がその場に残る。総会後、全日制執行部、定時制執行部、バリ派の話し合いが行われたが、詳細は不明。

25日（土）。この日も、教員、バリ派（初めて「所謂バリスト派」を自称）、反バリ派、バリスト反対と文化祭実現を訴える定時制有志、バリ派も反バリ派もともに批判する個人ビラなどが出た（第３部参照）。

朝9時からのHRで教員は『ふたたび生徒諸君に訴える』という職員会議の文書〈B41〉を配って説明。執行部やバリ派もHRをまわる。中央委が招集されたが出席5名で流会。複数の集会が開かれて錯綜したが、この日の新聞報道で東京都教育委員会（以下「都教委」）が「封鎖などで指導に従わない生徒に対しては断固たる処分を辞さないこと」などの内容の通達を24日に出したことが注目された。

バリ派は25日のビラでは24日の生徒総会を弾劾して、自主解除要求決定の撤回を主張していた。しかし26日（日）未明、全面的に「自主」解除した（この時保護者も何人か加わった）。撤去の理由についてバリ派が27日に出したビラ〈B49〉では、こう記している。

（1）我々が権力に対し授業を阻止し、学友に対しては開かれたバリケードとして、教育秩序への叛乱を提起する場所であり、現実に新たな教育秩序を創出せんとする場所であり、常に校舎すべてが社会への斗いとなるべき砦となることにおいて発展的解消を準備している場所がバリケードである。

（2）にもかかわらず学校当局の斗争圧殺の策動は、情勢を我々の手からうばいとり、学友諸君にバリケードを閉ざす内容―即ち逆封鎖の内容―をもっており、我々が、この弾圧にうち勝ち、（1）の意味でのバリケード斗争を、全ての学友の学校当局の腐敗した手中からの脱出を実現することを媒介に、より強固に推進しなければならないこと。

（3）物理的バリケードの中にいる限り、そうした我々の反撃のできる可能性はほとんどないこと《ママ》。

という情勢判断。

（4）ここで物理的バリケードを、学校の挑発に乗らず、一度我々の中におさめて学校当局の舞台におどりでる必要があること。

この解除に際して、ある生徒のつぶやきを、50年たった今も、当時三年生の木村君は覚えている。「命をかける、と言って（解除するなら）死んじゃうのか、と思っていた」。

解除したらどうなってしまうのか、こんな風にハラハラしていた生徒たちもいた。一方では、「命がけ」という言葉に半信半疑の者もいた。バリ派はこの後、立高生には馴染みのない新宿御苑に集まっている（第2部第7章参照）。

《第1章　事実経過》 １９６９年10月20日　ストライキをよびかけるビラ配布、ＨＲ討論でスト否決　22日バリケード封鎖　22・23日　縦割りＨＲ、生徒総会　24日　生徒総会で自主解除要求可決　教員の実力解除はピケ隊が阻止　26日　バリケード封鎖解除

注

２　このレポートの作者秋月君は、今回の取材に対して、こう述べている。
「大学一年の一般教養の授業で課せられたレポートタイトルが『歴史と体験の異相』でした。さて何を書

けばよいかと悩みました。歴史に向き合うとか、歴史に立ち会うなどということなど、まず無縁かと思っていました。しかしなぜか立高紛争時のビラを所有していた私は、これこそリアルな体験と思うと同時に、立ち会った者にしかわからないであろう状況を報告できる、と『思い込んで』しまいました。

　バリ派の中には友人がいたし、中心にいた古田さんは中学の先輩でした。そして現在、その友人も彼女も鬼籍に入ってしまっています。当時は何もわからず、反論する知恵もなく過ぎ去った2か月でした」。

3　生徒会の議決機関。各クラス代表2名、全校24クラスで48名の委員で構成される。立川高校の生徒会は、あと執行部（執行機関）・監査委員会（監査機関）があった。

4　当時の文部省が出した、生徒指導についての手引書。「生徒会を学校に対する批判や主張を事とする要求機関とみなす誤ったとらえ方」「学校の適切な指導のもとに行われない他校の生徒会などとの連合」などを問題視している。

5　これが第1章の5でふれた、10月24日に出た都教委通達をさすものか、は不明。

6　ピケとはピケットの略。もともとは、経営者に対して、賃上げなどを求めて争議を起している労働者などが、ストライキ破りを防ぐために見張ること。腕を組んだりして塊になり、人を通さないようにしたりする。

7　当時、立高の生徒募集定数の男女比は男3：女1であり、各学年男女同数のクラスが4つ、男子のみのクラスが4つ。女子はつねに男女クラス、男子は三年間の内一年だけ男女クラスだった。

第２章　生徒総会とクラス討論の二週間

——生きるとは、自分を表現すること（10／27～11／10）

１「生徒主導のＨＲ」案の可決

バリケード封鎖は解除された。翌27日（月）授業は行われず、多数のビラが出された。

朝のＨＲで教員側は『みたび生徒諸君に訴える』〈Ｂ52〉『立高いわゆるバリスト派に対する私達の考え』〈Ｂ47〉を配布し、「ストはバリストと同じ」とし、生徒同士の分裂をますます深め、教員と生徒の信頼関係を破壊し荒廃と破滅のみをもたらす、と批判した。一方、執行部からは、全学集会をひらいてこれからの問題を討論することを求める『全ての立高生に訴える』〈Ｂ48〉と『事実経過』〈Ｂ38、54〉。一団となって登校したバリ派からは、『バリケード撤去報告』〈Ｂ49〉など複数のビラが出され、「事態収拾策動粉砕」の呼びかけや「定時制学友への訴え」がなされた。バリ派に反対する立場から28日に出された３Ｇ小沢の個人名でのビラ〈Ｂ57〉では「①ＨＲ討論での先生の意見等の押しつけ反対　②生徒心得の全面的再検討　③授業内容、生活条件の改善　④男女差別反対［家庭科の女子のみ必修と男女比３：１の定員の再検討」

が訴えられた（後に「４項目要求」と呼ばれるようになった）。

バリ派のハンドマイクによる呼びかけにこたえた生徒たちは第二体育館（小体育館）で集会をひらき、①バリケード解除の内容を明らかにする　②全学討論　の場として、生徒総会の開催を要求する署名を、全校生徒の三分の一強にあたる４２２名集めて職員会議に提出。その場で「バリ派、一般生徒、教員三者対等の立場」を要求したが教員側は拒否し、「教員も総会に出席し意見を述べる」という形で折り合った。そういう経過で午後ひらかれた生徒総会で、バリ派はバリケードの撤去報告を行うとともに「無期限授業放棄とクラス解体、五項目要求全学ストライキ」を提起。一方、大多数が参加した教員側は「全学ストはバリストと同じ」と応酬し、午後５時過ぎに散会となった。翌28日（火）の総会には、生徒側から３つの案が提出された。その後、生徒総会は連日ひらかれ、出席者減少による流会をはさみながら、30日（木）に一つの案の可決に到達した。採決に付されたA～Cの３案を記す。

A　即時授業開始、単位制・カリキュラムその他の問題は委員会を設置して、授業中や放課後に討論。

B　クラス討論運営委員会［以下「運営委」］を作り、生徒主導でHRを行う。

C　HRでなく分散会を行い、展望を開き得るまで継続　自己批判しない教員の参加は認めない。

全て個人名（Aは三年生、B・Cは二年生）の提案だが、A案の提案者である鮫島君は29日に『脚下照覧』というタイトルのビラ〈B63〉を個人名で発行した。その中で「すべての学友よ　俺達は本能的に勉学をしたい欲求があることは　それをなんぴとに対しても否定されるべきものではない！」と訴え、その後も第２・第３弾を発行して、賛否の如何を問わず強烈なインパクトを残した。

Ｂ案の提案者は、第1章の４に登場した中田君である。彼の提案の骨子は以下の通り〈Ｂ61〉。

1、討論の方向性等の運営面は一切そのクラスの生徒にまかされる（クラス以外の者の発言はそのクラスの承認を必要とする）。
2、討論に対する学校側の一方的な時間制限は認めない。
3、放送の権利は執行が有する。
4、1日ごとの延長で7日間までは生徒の判断で延長できる（いつ打ち切ることもできる）それ以後については、生徒側と学校側との話し合いで決める。

以上のことを学校側に要求するというものだった。

Ｃ案の提案者である小塚君は29日にフルネームを明記した個人ビラ〈Ｂ62〉を発行している。それによると、個人個人が問題に対する思索を深めるために、全校集会を一時休止する。そのための少人数の集団として便宜上クラスを用いるが、「いわゆるＨＲ」では「ない」。個々人が主体的に参加するものだから、「学校に対して『討論の時間を下さい』と要求する筋あいのものではない」。クラスの成員でなくても参加できる。クラスとしての私達、という「孤立的・自閉的」な状態をつくり出すから「クラス決議」も行わない、としている。

30日の生徒総会の一回目の採決結果は、出席７６０名でＡ１４０・Ｂ３２３・Ｃ２２０・保留77。

二回目の決選投票、Ｂ４４６・Ｃ２４１・保留73。中田君のＢ案が可決され、31日（金）執行部と教員側は「確認書」を取り交わした。生徒の運営委員が各クラスから２名選出されて発足し、クラス討論と運営委が連日行われることになった。

２　無数のビラ群

この期間も幾多のビラが発行された（第３部参照）が、ここではまず、Ｂ案提案者の中田君が出した個人ビラに注目したい。なんとなれば、彼は前述の通り（31ページ参照）、初めはバリ派に惹かれていたと吐露していた生徒だったからである。彼が30日に発行した『一般生徒の立場から訴える』と題されたビラ〈Ｂ69〉の一節。

私達一般生徒の立場はどんな立場でしょうか。バリスト派は［21日のビラでは］私達を敵であると言い、24日には「お前達は裏切り者だ。」とまでいいながら、「教育秩序に対して総反乱を起すために命をかけて闘う。」と言った宣言に反してバリケードの外に出て来た今は「仲間だ、一緒に教育についての問題を考えましょう。」というようなことを言い出しているのです。［中略］そんな彼らに対して私はさけびたい「私達をあまりばかにしないでくれ。」と［後略］

このビラにみなぎっている思いは、第1章の最後に紹介したつぶやきと共通しているのではないだろうか。

中田君のビラ以外にも、注目したいビラはいくつもある。28日から31日まで、百花繚乱といった発行状態だった（第３部参照）。私たちが集めた、この期間のビラは25種（1日平均6・25種）ある。例えば、「『いわゆるバリスト派』とは違った運動を荷っていく」と宣言した「全学ストライキ実行委（準）」のビラ〈B58〉。彼らは、その中で前述（37ページ参照）の「4項目要求」に対して、「明るく豊かな高校生活を送る為にという大衆うけをねらい結果的には現在の教育秩序をささえることにしかならない」と批判して、以下の5項目要求を掲げる。

1、生徒心得撤廃　2、10月20日以降の処分を一切しない　3、職員会議公開　4、1／6制廃止[8]　授業内容を改革せよ　5、学校側は、手引書・教育長通達に抗議せよ

「旧一般生徒　現在自己変革同盟」発行と銘打って個人名が出ているビラ〈B72〉の一節。

今まで我々は教育に対する不満をいだきながらも、その教育に対する根底的な問いかけをせずに、ぶつぶつ言いつつその日々を送ってきてしまっていた［中略］そのような我々にとって10・21ストライキ、10・22以降のバリケード封鎖は、まさに、こうした我々自身への鋭い告発として存在したのだっ

た。［中略］

現在、一部の生徒の間で即時授業開始がさけばれているが、我々はこの意見に断固反対するものである。いったい、今までの我々の学校生活とはどのようなものであったか。たった一枚の紙きれでその人間の価値をきめつけてしまい、いわゆる頭のいいやつだけを（立高生諸君！　ぼくみたいに成績がよくないとなげいている諸君も、中学における上位組であったことを忘れてはならない！）さらに肥料をつぎこむがごとく上の学校へ送り込んでいる。そこには人間的な温かみなどみじんもなく、あるのはつめたい鉄のような受験体制である。［中略］

こうした問題は制度上だけの問題ではない。我々自身の意識の中にも、「高校生として」とか「授業はうけなければならない」とかいった、［中略］自らの意識こそが、自分自身を日常的なイワユル〝今までの生活〟に埋没させてしまっているものなのである。このような教育の状態、また自らの状態を何らかえりみることなく、即刻授業の開始などということをどうして語ることができようか。［後略］

さらに、生徒総会でのＣ案の提案者、小塚君は、自らの個人名で出したビラ〈Ｂ71〉の中で、こう述べている。自分がバリケードを作った段階ではその中に入っていなかったことを記した上で、

［バリスト派の考えは、］私達はベトナム戦争に反対する。しかし、ベトナム戦争というものをつき

つめて考えてみた場合、それを根底的に支えているものは安保であり、すなわちアメリカ・日本であることがわかります。そう考えて、自分自身に目をうつした場合、私達は、私達が〝高校生らしく〟生活し、卒業し、大学へ行って卒業し、会社へ入るというような、きわめて日常的な生活そのものが、現在の秩序を支えているのだということに気づかざるをえません。［中略］以上のようなことを言っているのだと判断して、私はそれに賛同した。しかしながら、これはバリケードの直接的な理由とはならないだろう。21日の放課後を思い出してもらいたい！　かれらが必死に呼びかけても通り過ぎて行った諸君［中略］彼らは確かに焦ったのかもしれません。それに対して、軽薄だというのは簡単です。しかし、彼らのつきつけた問題、彼らの気持ちを理解しようと努めなければならないのです！［中略］

バリケードを死守するといいながら、生きてでてきたことを批判している人もいますが、私はあくまで、バリケード斗争（単に物理的でない）を貫徹しなければならないと思っているのです。［後略］

そして、「所謂バリスト派」からは、『立高職員会議よ恥を知れ』〈B79〉というタイトルで「教師20項目自己批判要求」が出された（第3部参照）。

25日に出されたものだが、『バリの内・外　すべての人の心に訴える』というタイトルのビラ〈B44〉も紹介したい。二年生の沢井君が個人名で出したものだが、まずバリ派に対しては、こう述べる、

［日常性の中にいて反戦を叫ぶのは矛盾しており卑怯だ、という］君らの考えは、非常に人間的（理想的）であり、自分も正しいと思うが、あまりにも自分の身を考えなさすぎるという点で人間的でないと言わねばならない。［中略］君らにとってはもどかしいだろうが、生活を破壊してまでの行動に出ることはできないのだ。［中略］そういう我々、少なくとも僕の立場をふまえてもらいたい。

ついで「バリ外へ」として、「自分のことを考えるあまり、まわりのことにあまりにも無感《マ》心《マ》ではないだろうか。日常性を大事にするあまり、事実に目をつぶり人間としての反応を示すことを、さけてはいないだろうか」「（日常性を可能な限り破壊する）緊張感を自分のものとし、そうした態度をとらない限り、彼らがせっかく提起してくれた人間性の不在は、無駄な努力となってしまう」「事に対応する真剣な態度を自覚したとき、それでも彼らのバリケードが続けられたとき、彼らのバリケードは我々の生活を侵害するほかのなにものでもなくなり、皆の手によって破壊せねばならないものとなる」と訴えて、最後を「人間性へのめざめを!!」という言葉で結んでいる。

バリ派に反対する立場からも、個人名で次々にビラが出された。『この文を他人と考えようとするならその場で捨ててください』という二年生の吉田君が個人名で出したビラ〈Ｂ64〉では「バリケードストを手段として、自己の主張を提起した者を絶対に許す訳にはいかない。何故なら、彼らは私から学問の場の選択の自由を奪ったからである。自己の主張の為に他《マ》己《マ》の自由を剥奪した行為は、例え結果がどうであれ、認めることはできない」と記されている。また、『クラス解体の恐ろしさ』と題した二年生太田君の個人ビラ〈B81〉では「各クラスには様々な思想を持った人々がいる」が、クラスが解体されたら「必然的に同じ様な思想を持ったもの同志が小集団を作って」しまい、「思想の段階」が「一段低い私達一般生徒」は一段高い者たちによって「洗脳」されてしまいかねない、「クラスというものを『様々な思想を聞き判断する場』として重要視しなければ」ならない、と訴えていた。これは生徒総会のC案にも見られる「クラス解体」の思想に対する危機感から出された素朴な声だと感じられる。

執行部も『10月30日の生徒総会決議にもとづくクラス討論期間中の約束』というビラ〈B76〉を出して、B案が職員会議でも承認されたことを全校生徒に伝えている。教員側も11月1日付け『父母の皆様へ』という文書〈B83〉と10月27日に生徒に配布した二つの文書〈B47、52〉を全保護者向けに郵送（教員も全員で宛名書きに取り組んだ）し、一週間のクラス討論期間がスタートした。

3　クラス討論とクラス討論運営委員会

11月1日(土)、4日(火)〜7日(金)と連日クラス討論が行われた。そして午後には運営委がひらかれ、執行部も毎日、前日の討論の報告書と当日の討論に向けてのビラ〈B88〉を発行し、文部省発行の『指導手引書』の抜粋などの討論資料を配布した。

そのうち4日の各クラス討論を集約したビラ〈B95〉などを見てみよう。出席者数は、クラスにより28

〜48名とバラツキがあり（学級定員は50名）、多く話題になっているのが単位制度、生徒心得などであることがわかる。運営委に一、二年生は全クラス出席しているものの、三年生はG組だけであったりしている（翌日、A、C組も出席）。6日に2Cは授業再開の賛否をとっている。賛成21、反対6で、7日には「2Cとして授業再開を望む」前提で議論を行うようになっていた。しかし一方で、連日のクラス討論で午後になると帰ってしまう者が増え、有志討論に切り替えるクラスも出てきている。このころ、「これ以上続けるのは個人の思想、思考に対する検閲になる」との声が生徒や父母から出ていたという話もあり、HR時にクラブ活動を始める者も現れた。7日になると明らかに登校する生徒が減り、その日の午後久しぶりにひらかれた生徒総会は流会になってしまった。

執行部は5日に生徒心得などに対する公開質問状を職員会議に提出。教員側は7日に回答を文書〈B109〉で全校生徒に配り、あわせて『よたび生徒諸君に訴える』〈B112〉という文書を発行した。

この期間に発行されたビラも数多い。バリ派は『教育秩序に総叛乱を　討論資料』〈B104〉や『一切の事態収拾策動をはねのけ…』と題するビラ〈B113〉で、「8項目確認事項」を提起した。①成績評定撤廃　②出席率撤廃　③処分制度撤廃　④生徒心得撤廃　⑤HR、生徒会解体　⑥全教師20項目自己批判　⑦教育問題検討委員会［27ページ参照］設立策動粉砕　⑧小沢5項目要求[9]路線粉砕が、その8項目である。そして、このころのビラから、「職員会議―民青一体となった事態収拾策動を許すな」といった表現で、バリ派に反対して行動する生徒に「民青」（日本民主青年同盟。日本共産党を支持する青年の団体）のレッテルを貼ることが目立つようになってきた。

また、「もと全学ストライキ実行委（準）」名のビラ〈Ｂ89〉では、40ページで紹介した「５項目要求」の推進を訴えている。そのほか、個人名のビラで定時制の生徒たちに「授業拒否、クラス討論集会」を訴えるもの〈Ｂ１０３〉もあった。このビラの作者は、そのころ自身が見学した定時制の文化祭に対して、以下のように批判するビラ〈Ｂ87〉も出している。その一節。

私は、十月三十一日及び十一月二日の定時制文化祭を観賞したので、十月二十四日に定時制執行部の言った『自己変革としての文化祭』に対し、意見を述べようと思います。

まず直観《ママ》として執行部の言明した『自己変革の場としての文化祭』とはナンジャラホイ、まさに、日常性の延長でしかないではないか。［中略］

あのような、日常的秩序立ったお祭り的な文化祭に、果たして自己変革なんぞがあったであろうか。形式、形態のみの劇や、技術にさえも徹し得ぬコーラス、無内容に歌われる反戦、反体制歌、立場もはっきりせず、いかなる方向性ももっていない反体制的演劇、［中略］

我々の意味する自己変革とは、そうした秩序を粉砕し、自ら主体的にかかわり、自己表出をし、或いは表出されたものと深く対立せねばならず、妥協のない緊迫した個人と個人の対決としてある。［後略］

この間、個人ビラがクラスメート向けに出されるものも目立った。『ぼくのクラスのみんなえ《ママ》』（他のだれでもない俺様より）といったもの〈B１０２〉である。おそらく、今回の資料収集では漏れてしまった、いくつものビラが発行されたのだろう。ところで、生徒側であれ教員側であれ、当時発行されたビラは、全て「ロウ原紙」に鉄筆で書かれたものである（文字を書くにしても、「原紙を切る」と言った。先がとがった鉄筆で原紙を傷つけるわけである。巻頭写真参照）。なぜ、生徒たちが、それだけビラを出せたのだろうか。今回、記憶をたどってみると、当時、クラブの部室などには、たいてい、鉄筆や原紙、原紙をその上に載せるヤスリ板などが常備され、合宿のパンフレットとか、コンパで歌うための歌集など、生徒は自分たちで作っていたのだ。ちなみに、印刷機は一番進んでいるのが「輪転機」で、ドラムに原紙を貼り付けて印刷した。よく途中で切れて、泣く泣く作り直したりしたものである。生徒会室に輪転機があり、そこでよく印刷が行われた。教員側の記憶をたどってもらったところ、職員の印刷室にも、当時輪転機は２台しかなかった！　そうである。手で上下させ、インクをつけたローラーを手で動かして印刷する道具（謄写版、ガリ版）も、手や顔を真っ黒にしながらよく使ったものである。

話を戻そう。11月に入ってクラス討論を進めるにつれ、登校する生徒が減り気味で、クラス討論も「ダレてきた」（あるビラの表現より）ことに対する、苛立ちや危機感も、バリ派、反バリ派を問わず垣間見られる。この期間に発行された「民主的良心的狂死友の会」による『いんぽりてぃかる（政的不能）創刊号』〈B１０８〉では、

諸君！　今私達は全くムダな時間を費やしている。〔中略〕
即刻ＨＲを打ち切り、三年学年集会に結集せよ!!〔中略〕
そこで私達はもう一度各派（バリスト派、スト実（準）、小沢ｅｔｃ．）の主張を聞き、そして私たち自身の判断で私達の次の行動方針を定めようではないか!!〔中略〕
各派の参加を望む（狂死お断り！）〔後略〕

と訴え、バリ派は「11・７全学総決起集会　ＡＭ11：30～　正門前」を提起した。
反バリ派からも、『文部省見解に断固抗ギする』などのビラ〈Ｂ94〉が出されるとともに、『脚下照覧！』〈Ｂ１１０〉では次の記述がみられた。

〔生徒総会でＢ案が〕可決されて以来一週間、その間俺達は一体何をしてきたんだい？
ただ毎日学校に来てダベッて、何となく毎日をスゴス〔中略〕昨日などは６００人となり、立高生の半スウになっちまった。〔中略〕
カクの如き状況を打開せしめ、真に教育問題を冷静にみつめ、地道に研究していくには〝授業〟を開始して、その中で教師といふ実体と組み合っていくほかに真の解決はないと信ずる。〔後略〕

と訴え、11月10日～15日での午前中授業、午後ＨＲ討論を提起した。

４　授業再開案の可決

11月８日（土）、午前10時半から行われた生徒総会で、生徒会長から一週間の討論の総括と今後についての提案が出された。それは、10日（月）から一週間、午前中は授業の形で生徒・教員が授業や教育問題について討論、午後ＨＲという内容だったが、午後２時に出席６７６名で流会となった。

９日（日）、教員側から全校生徒に電話連絡がなされるか、「アス８：30トウコウ」の電報が打たれるかした（当時の電報はカタカナと数字だった）。

明けて10日、生徒会長案をＡとし、以下Ｂ～Ｄの提案がなされた。

Ａ　一週間、午前は授業形式で教科担任と話し合い　午後ＨＲ　授業再開は生徒総会で決める。

Ｂ　Ａ案で行い、納得できたところから授業再開、一週間後に午後のＨＲの継続の可否を生徒総会で決める（二年生の近藤君が提案）。

Ｃ　14項目（後記）貫徹　授業再開なし　クラス解体で自主講座（バリ派の古田さんが提案）。

Ｄ　即時授業再開（一年生男子が提案…氏名が確定できず）。

総会の出席者は８９０名で、賛否を採ることに６０３名が賛成し採決が行われた。

一回目、Ａ１１０・Ｂ４２４・Ｃ２００・Ｄ82で決選投票の結果がＢ５０９・Ｃ２５１。

Ｂ案の内容で執行部は職員会議と確認書を交わしたが、バリ派は採決が不当だと主張し、噴水前で集会をひらいた。

この期間も、多数のビラが発行された。バリ派やその支持者のビラとみなされるものとしては、『一切の事態収拾策動をはねのけ…』『なし崩し的授業再開を許さず…』『十四項目貫徹闘争とは何か？』といった文字が目立つ。

十四項目とは、①成績評定撤廃　②出席率撤廃　③処分権撤廃　④生徒心得撤廃　⑤「ＨＲ」「生徒会」解体　⑥全教師20項目自己批判　⑦教育問題検討委員会設立策動粉砕　⑧小沢５項目要求路線粉砕　⑨手引書粉砕　⑩９・30教育課程審議会答申粉砕　⑪10・６中教審答申粉砕　⑫10・７文部省基準《ママ》粉砕　⑬10・20教育長通達粉砕　⑭10・24都教委通達［33ページ参照］粉砕、であった。

執行部は総会議案書を用意した。反バリ派からは『授業を再開し、真の学問を追求する第一歩を！』というタイトルの個人ビラ〈Ｂ１２２〉のほかに、一年生の男子からの個人ビラなども出されたが、ここではＢ案の提案者の個人ビラ『ペンの暴力許すまじ！』の一節〈Ｂ１１９〉を見たい。

> ［バリ派のビラは］一方的なきめつけによって、生徒の教師に対する不審感《ママ》をあおった［中略］彼らは、そのビラの中で、彼らに相反する行動をとる人達を「民青」だと決めつけ、しかも、あたかもそれは悪党だのごとく書いた。［また10・30生徒総会で可決されたＢ案の提案者や、その］提案を支持した人達を、学校側の手先であるがごとくに決めつけた。これによって彼らは、生徒相互間の不審感をも、あおりたてようとした［中略］

ここに私は断言する！　彼らのビラは暴力そのものだ。［後略］

このビラの発行者の提案が生徒総会で可決されたわけである。なお、この間のクラブ活動は、朝練習も含めて多くのクラブで継続されていた。

《第2章　事実経過》10月27日〜30日　生徒総会「生徒主導のＨＲ」案の可決　11月1日〜7日　クラス討論、ＨＲ運営委員会　10日　生徒総会　授業再開案の可決

注

8　1／6制とは、授業の六分の一以上欠席すると履修が認められず、単位を取得できなかったこと。

9　ここでいう5項目要求とは反バリ派が出したもので、本章の2で紹介した「全学ストライキ実行委（準）」の出したものとは別。

第3章　バリケード前史
——立川高校という学校

1　〝変な学校〟

ここまで読んできてくださった皆さんの中には、途中で「あれ?」とか「ホントかよ?」とか感じられた方も、あるのではないだろうか。

例えば第1章の1のこの部分。「中央委が職員会議に申し入れて、午後の授業はHR討論に変わった」「(バリケード封鎖の日、)執行部は各学年1クラスずつの縦割りHRを職員会議に要求し、午前中はそれが行われた」など、など。〝正規の生徒会機関がルールに基づいて行った要求は、基本的に教員側が受け入れる〟という姿勢が際立っている。そうした立高の特質について、ここで触れておきたい。

自治の伝統——それはこの「紛争」後も後輩たちに受け継がれていった。そして、いくつかの文学作品に、当時の〝変な学校〟ぶりが活写されている(いまは消滅した部分が多いようだが)。少し覗いてみよう。

まず、1992年に新潮社から出版された『モーニング・レイン』（井上一馬著）は、著者が1973年（つまり「紛争」の4年後）の一年生三学期～二年生二学期の記録をもとに、当時の生徒、教員がほとんど実名で登場している。合唱祭や体育祭などの行事の準備や当日（終了後、暮れてゆく多摩川の河原でのコンパまで）の様子が生き生きと描かれたりしているが、小著に直接関係するものとして、こんなくだりがある。「自由選択科目が来年からなくなるかもしれないのだという。自由選択科目は、紛争以来、昭和四十五年［1970年］からすでに四年間、生徒の自主性が尊重される科目として、生徒の運営委員会のもとに運営されてきたが、来年度から文部省の指導要綱《ママ》が変わるためカリキュラムを変更せざるをえないのだという」。

冒頭あたりには、「先生たちも放任主義で、こんなに自由でいいんだろうかと思うぐらいなんでも自由にやらせてくれる」という記述があり（第2部第8章参照）、そのちょっと後に「一歩立高の外に出れば、巷では、受験戦争、受験戦争と騒がれている。そんななかで、立高のなかだけはエア・ポケットのようになっている」といった文が続いている。

2002年、理論社から刊行された『樹上のゆりかご』（井上氏の3年後に入学した荻原規子氏の著）は、立高を「辰川高校」としたフィクションであるが、あとがきに「掛け値なしに書いたままだと言えるのは、校内行事とその準備、学校の風習、先生方と授業内容です。今の時代には、高校生が行うなどファンタジーに見えるのではと、私ですら感じる行事内容ですが、どこも誇張していません」とある。紹介したい部分が多すぎて困るのだが、まず一つ。

「伝統歌がこの学校でどれほど大切にされているかは、入学当初、一年生に小さな冊子の伝統歌集［巻頭写真参照］はわたされても、校則をしるした生徒手帳は配布されないことからも見てとれる——生徒手帳は廃止されてしまったそうだ」。

後でも触れるが、「紛争」の前に朝礼が廃止になった。それに関連する文章。

「この学校、朝礼風に全校生徒を集めて何かをすることが一度もない。教師がマイクで訓辞する姿には、ついぞお目にかかったことがない。校長先生であってもそう。入学式と卒業式は例外だろうけれど、あれは社会教育会館で行うものなのだ」。

2　体育祭のキャンバス作り

二作品からの抜粋の最後に。両作品で共通して、力を入れて描かれているのが、体育祭のキャンバス（巻頭写真参照）作りである。再び『モーニング・レイン』から。

「体育祭は応援とキャンバスと競技という三つの要素から成っている。［中略］各チームは、六月の末ぐらいから［十月の本番に向けて］本格的な準備を始めてキャンバスを作る。

キャンバスというのは、横十二メートル、高さ七メートル、奥行き一・五メートルの、応援のための巨大な反響板で、それぞれのチームの代表メンバー［二年生］が三年生の教えを受けながら設計やデザインを考える。このキャンバスはとにかく巨大な代物なので、二十個ぐらいのブロックに分けて作られる。［中略］

それぞれのブロックは木の枠で作られ、その木の枠の縦横に針金を渡して、その針金の上に新聞紙を何枚も重ねて貼っていく」。

続いて『樹上のゆりかご』から。ここでは、幅十六メートル、最高位四・二メートルと記されている。「なにしろ、ボードの表面は新聞紙でつくられる。のりでひたした新聞紙を一枚また一枚と貼り重ね、その厚さが一・五センチから二センチにもならないと、キャンバスのボードとして認められない［中略］。

この十六メートルのしろものを、作成中に収納する場所はどこにもないので、キャンバスは、デザインした設計者のみが全体像を把握するところとなる。四十個から五十個に分割したブロックとして準備される。ブロックの奥行きは木わくで一メートル。だから、一学期の終わりごろには、細木で一メートルほどの立方体に組んだブロックが、あちこちの教室にいくつも鎮座することになるのだった。

当然、そうじがまったく行き届かず、春から秋にかけて、辰川高校はゴミだめのような様相を呈する。木くずとか、新聞紙とか、のりをつくる小麦粉がこぼれ落ちたりしているが、ちびちびブロックを作りかけている状態では、だれもが片づける気力をなくすのだった。

木組みブロックの設計も、表面に新聞紙を貼り重ねる方法も、先輩から後輩へめんめんと伝授するのでなくては、今どき知る人もない技術だ」。

実は、本書第1章の書き出しに引用させてもらったレポートの作成者である秋月君は、「僕は『紛争』の時ノンポリ［政治に関心がないということ］で、バリ派でもアンチ・バリ派でもありません。しいて言うなら、僕はキャンバス派でした」と言う（第2部第9章参照）。

３　立高の教員たち

立高は、「東京府立第二中学校」（略称「二中」、なお一中は現在の都立日比谷高校である）として１９０１（明治34）年にスタートした。〝三多摩[10]（東京都23区外）県立高校〟という言葉があったように、なにしろ多摩地域に初めてできた中学校だったから、その地域の〝村長養成学校〟と呼ばれていた。また、大正時代後期には「ドルトン・プラン」[11]という、「一人一人の能力と要求に基づき、各自が課題研究を行う」といった教育実践の模索も行われていた。「紛争」当時二、三年生だった23期生、22期生の入学時、それこそ伝説になるような教員がゴロゴロいた。当時の都立高校は「教員の人事異動は、希望と承諾を原則とする」という時代で、定年もなかったから、齢七十を超えた教員とか、「ぬし」みたいな教員もいたわけだ。それだけではない。第１章の４に登場した堂安君の記憶。

「立高の授業は、それぞれの先生方の個性が感じられるものが多かったと思います。例えば、一年の地学の授業で、多摩の台地や関東ローム層の特徴、地球の温暖化寒冷化と海進海退等々、教科書に載っていないことをじっくり学ぶことができたのを今でも鮮明に覚えています。その他にも、ご自分が読まれた本の感想を熱く語って下さった先生、ご自分の趣味や研究について語って下さった先生、しつこく生徒全員に声を出させて古典文法の助動詞の活用を『暗唱』させた先生、グループ学習や発表をさかんにさせた先生、…印象深い先生が多かったことを思い出します。大学受験を意識させられたという印象は全くありませんでした。中学時代は、毎月のように業者試験があり、高校受験を日々意識させられていたのとは正反対の雰囲気でした。行事も盛んで、合唱祭・球技大会・キャンバス・応援団・ファイヤーストーム・清明寮（臨海学校、遠泳）・神城山荘（スキー教室）…。

観念的にはバリ派の言っていることは分かりましたが、実感としては、『授業を受けること＝犯罪行為』という感覚は持てませんでした」。

そして、生徒の自治を尊重する姿勢は、教員相互間の民主的な関係とつながっていた、と考えられる。今回、この本のために取材して驚いたことがいくつかある。

戦前、戦中の旧制中学では、校長に次ぐナンバー2の地位である教頭（現在の都立高校での呼称は「副校長」）を慣例的に教員の中から選出していた。1974年に教頭が法制化される以前から、ほとんどの都立高校で都教委が任命した教頭が外部から発令されるようになってきたが、立高では、法制化されるまでは、職員会議の推す教員を教頭に相当する総務部長と認めるよう要求し続け、都が任命した教頭の執務は校長の事務的補佐に限定されていたという。これを総務部長体制と呼んでいた。

「紛争」当時も、校内の統括は総務部長が行い、その不在の時は各部（教務・生徒・進路・図書）部長が輪番でその職務を行った。校内の最高意思決定機関である職員会議には事務系職員も出席した。また、予算委員会の決定が守られているかどうか監査する財務委員会があり、教員の採用人事は人事委員会の決定を職員会議が認定。全日制教員・定時制教員・事務職員・用務職員・警備職員・定時制事務用務職員の各代表からなる六者協という組織もあった。民主的な関係が徹底していたことは、「出張旅費の支給は、勤務年数に縛られず全員同額」ということからもうかがえる。教員組合への加入率がきわめて高かった点も、現在とは大きく異なっていた。

1965年に赴任したある教員は、「赴任以来、生徒会の決定事項を職員会議が認めなかった事例は記憶にない」と語った。また、「紛争」の際も、「バリケードに入っている生徒の名前を特定することはしなかった。」と語っていたのが印象深い。〝犯人捜し〟といった浅薄な生徒対応はしなかった、ということだろう。

4　社会、政治に対する生徒たちの関心の高さ

もう一つ、立高の特質に関わることとして、近くに米軍立川基地があった、ということもあげられよう。今では返還され、自衛隊の用地のほかに、国営昭和記念公園や多くの商業施設がある広大な土地。その拡張をめぐって闘われた戦後の「砂川闘争」（高校の日本史教科書にも載っていた）をはじめとする基地反対闘争。立高生も加わったという、米兵向け街娼の反対運動。これは、敗戦直後の立高の教室から、近隣民家での米兵相手の売春行為が見えてしまうという環境で、生徒会と教師たちが共に、地域の「南口浄化運動」（立高は立川駅南口の住宅地にあり、基地は北口にあった）に参加して成果をあげたものである。「基地の街」が醸し出す独特の雰囲気と自治の伝統…ここでは、「紛争」以前の出来事から、いくつか素描を試みたい。

１９６７年12月14日、「食堂問題」について、全校のＨＲで一斉討論が行われた。立高生に親しまれていた校内食堂（さきに紹介した『モーニング・レイン』でも、授業をさぼって行く姿、当時立高生が「ブランク」と呼んでいた自習時間があると堂々と行く姿など、頻繁に登場する）。その食堂が、衛生面などの理由で一時閉鎖される、パン屋が交代する…といった重大ニュースが「生徒に知らされずに一方的に決められた」ということで混乱や不満、怒りを生んでしまった。このことについて、生徒の「食堂委員会」と教員側の「食堂運営委員会」の「協議会」が十分に機能していないことや、生徒側に十分な情報提供がなされなかった、ということが大きな問題とされた。これより前、「交換学生問題」「服装問題」「ビラ・ポスター規制問題」なども問題になったりしていた。交換学生問題とは、当時、立川市により、米軍基地のある米国の市との親善のための短期交換留学が行われていたが、ベトナム戦争を機に、生徒会が問題視し始めたものである。

明けて１９６８年。１月、三年のクラスなど四者の共催により、「原子力空母エンタープライズの佐世保寄港についての討論会」がひらかれた。

この年の10月４〜６日（文化祭）、13日（体育祭とファイヤーストーム）で行われた立高祭の各クラス展示のテーマを見よう。〈Ｂ６〉

１Ａ「戦争と私達」１Ｂ「食品添加物」１Ｃ「マスコミ」１Ｄ「原子力」１Ｅ「不安とは」１Ｆ「教育」１Ｇ「世界状勢と日本の行く手」１Ｈ「若者の行動」２Ａ「現代高校生の行動―その中における思想と現代の不安」２Ｂ「地震」２Ｃ「高校生の社会的立場」２Ｄ「無気力・無関心化していく高校生」２Ｅ「合

理化と人間性」２Ｆ「自然性《ママ》崩壊」２Ｇ「マイホーム主義を考える」２Ｈ「教育問題」３Ｅ「受験生と安保」以上のクラス展示は文化祭で行われたが、その文化祭で、体育祭と並んで力が入れられた演劇コンクールの演目も紹介したい。男子クラスと男女クラスが組んで団を作り、これは体育祭でも覇を競い合うチームとなる。この演劇コンクールでは、毎年のように「本邦初演」のものも上演された。（　）の中は作者や脚本家の氏名で、２ＡＨのものは創作である。

１ＡＨ『若年』（佐々俊之）１ＢＧ『ひかりごけ』（武田泰淳）１ＣＦ『湖の娘』（八木隆一郎）１ＤＥ『蟻部隊』（小幡欣治）２ＡＨ『君に語る言葉―夢―』２ＢＧ『シガマの嫁コ―津軽の民話より―』（久藤達郎）２ＣＦ『例外と原則』（ベルトルト＝ブレヒト）２ＤＥ『授業』（ウジューヌ＝イヨネスコ）

クラス展示と並ぶクラブ展示では、「70年安保・沖縄」（社会科学研究部、略称「社研」）「社会を見つめる子供の目」（児童文化研究部）「戦後教育と生徒会」（編集部）「宗教と政治」（聖書研究会）「基地を通して見た三多摩」（時事問題研究会、略称「時事研」）といった企画や三年有志主催の「『ぼくら夜間中学生』を見よう！」が目をひく。世界史研究の泰斗であった上原専禄氏の『現代社会の不安とその底流』という講演会も開催されている。

文化祭の話が長くなったが、11月13日には、社研が『処分問題とは何か』というビラ〈Ｂ９〉を出している。10月に市内の喫茶店で喫煙した生徒に「３日間の登校禁止の措置がとられた」ことについて、これを「管理―被管理」の関係でとらえてＨＲ討論を呼びかけるものだった。

さらに11月21日に、その当時は行われていた朝礼で、声高に談笑していたグループを注意して反抗された教員が生徒を殴った（のち、その生徒に正式に謝罪した）。これが契機となって「朝礼問題」と呼ばれた全校的な議論が巻き起こった。当時の執行部は11月25日に総務部長あてに、①当該教師は当該生徒に対して暴力をふるったことについて謝罪し、その内容を全校生徒の前に明らかにすること　②職員会議は暴力否定の理念を確認し、今後このような行為の根絶を確認すること　③今後の根絶のための、生徒に満足がいく明確な措置をとること　④①は27日昼までに行い、②③への回答は26日昼までに生徒会長に伝えること、を文書で要求した。これに対する回答などの記録は、今回残念ながら見つけることが出来なかったが、執行部が12月22日に発行したものが見つかった。『朝礼問題〈HR討論の歩み〉』というタイトルのB4版で袋とじ10枚（20頁）の印刷物〈B10〉である。そこには、三学年全クラスの討論状況の詳細、生徒総会議長や生徒会長の訴えが載っており、クラスとしての確認事項や、各クラスから出された、朝礼の改革・廃止などの提言がくわしく記されている。

5　そして、1969年

1月17日、生徒総会は「朝礼廃止」を決議する。その後、職員会議も「一時的に廃止し、今後については検討する」結論を出した。4月16日付け読売新聞は「立川高校は、創立以来67年続いた朝礼をやめた。」と報じている。

4月、中央委は「4・28沖縄デー」[12]について連日議論したがHRにはおろさず、4・28以降は招集されなくなった。5月、執行部は初の宿泊遠足を提案し、HR討論のすえ、職員会議もこれを受け入れて二、三年生で実施した。この月に行われた合唱祭では、三年の1クラスが大幅に規定時間を超えて審査の対象外となったが、これを不服とする生徒数名が、合唱祭実行委員会の制止を無視して舞台に上がって激しく抗議した。これに対して、三年生の男子数十名が委員会を支持して舞台に上がり、伝統歌（『樹上のゆりかご』を想起されたい）を歌って多くの生徒たちが唱和する一幕があった。

7月に行われた後期生徒会長選挙では「一般生徒の無関心」が話題になり、投票率は50％で〝生徒会発足以来最低〟と言われた。このころ、個人的に外部の政治的な集会に参加する者はいても、校内でのアピールはほとんどなく、トイレや部室などに落書き（性的なもの、「日教組打倒」など）が現れてきた。同じ7月、図書館を利用しやすくしようという運動が起こったが、「管理体制の一環としての図書館の改善はナンセンス」という議論が出て中断した。

10月3日から予定されていた立高祭に向けて、『立高新聞』（編集部発行、10月3日号）〈B16〉は一面冒頭でこのように訴えた。

　大学措置法が施行されて学生運動に対する弾圧が強化され、高校生に対する弾圧も次第に強化されつつあり、青山高校では機動隊が導入され、逮捕者すら出ている現在、我々は安穏とした立高祭を行っていてよいものだろうか。

そして本文では、

> 　われわれは、現在、資本主義社会体制内における高級労働力養成所として受験予備校化された普通科高校―三多摩の名門校といわれる高校に学んでいる。高校入試のふるいにかけられ、知的エリート候補生として立高に入学し、そして、次のふるい―大学入試のために、せっせと黒板の字をノートに写している。一人の人間としてではなく、明日の資本主義社会の担い手として―日本資本主義の発展のために必要とされる知的エリート候補として教育されているのが現在のわれわれなのだ。［中略］
> 　しかも、われわれの日々の惰性的生活が、このような情況を生みだしてしまっている。われわれの家と学校との往復運動はまた、読者諸氏が必ず反対を叫ぶ「戦争」をも遂行させてしまっているのだ。
> 　このような情況をふまえずに、立高祭を考えることはできない。そして、われわれをとりまく情況の把握の不《ママ》にたって立高祭をとらえる時、われわれはその欺瞞性を否定しないわけにはいかない。［中略］
> 　日常性を脱却し得ない次元で行われる立高祭は、いかなる美辞麗句でそれを飾ったとしても、結局は欺瞞でしかあり得ず、立高祭が終わった後はまた以前の惰性的生活に還元してしまう他ないのだ。

こう記した記事のタイトルは〝欺瞞的立高祭を日常性からの脱却の場へ〟だった。

その立高祭は予定通り10月3日から行われた。各クラス展示のテーマは次の通り。〈B17〉

１Ａ「無関心、無気力、無責任」１Ｂ「学生問題」１Ｃ「人間の限界」１Ｄ「高校生と政治活動」１Ｅ「理想的な教室」１Ｆ「高校生とは何か」１Ｇ「音楽について—生への関心—」１Ｈ「高校の社会の中での立場」２Ａ「断絶の時代」２Ｂ「人間の残酷さ」２Ｃ「雑誌の批評」２Ｄ「現在の高校を考える」２Ｅ「日本経済の本質」２Ｆ「教育問題」２Ｇ「高校」２Ｈ「日本民族」

演劇コンクールの演目。

１ＡＨ『カロル』（ムロジュク）１ＢＥ『食欲のないお話』（佐々俊之）１ＣＦ『二人の死刑執行人』（アラバール）１ＤＧ『署名人』（清水邦夫）２ＡＨ『棒になった男』（安部公房）２ＢＥ『動物倉庫』（大江健三郎）２ＣＦ『ドモ又の死』（有島武郎）２ＤＧ『恭しき娼婦』（サルトル）

クラブ・有志の展示では、「我々にとって〝安保〟とは」（編集部）「生きている部落問題と私達」（時事研）「民主主義と人間疎外」（三年有志）などがあり、毎日新聞論説委員で『教育の森』という著書が菊池寛賞などを受け、教育の現状を批判して鋭くメスを入れていた村松喬氏の『民主教育の現代的意味』と題する講演が行われた。パンフレットの文章で「欺瞞的な立高祭自体を否定しようではないか！」と訴えていた社研は、当日〝教育秩序に総反乱を〟というスローガンのみを貼り出す。一方、社研や演劇部などの有志が、文化祭実行委員会の許可を受けずに、特別教室を占拠して演劇『由比正雪』（唐十郎作）を入場者の選別を行いつつ上演、実行委員会が抗議するということがあった。その公演には、唐十郎が主宰する状況劇場所属の李礼仙らが来場した。

同じ10月、執行部の何人かが「二年有志」の形で、職員会議に生徒心得の「政治活動」の項について公開質問状を提出し、回答が出された。そして第1章に記した10月20日の事態が起きる。

注

10　三多摩は１８９３年（明治26年）に神奈川県から東京府に編入された。その大きな理由は、多摩川水系が帝都東京の「命綱」であったことにあるとされる。しかし、三多摩格差は長く続き、自由民権運動の伝統と共に「三多摩県」的な意識をはぐくんだ。

11　１９２０年（異説あり）にアメリカのパーカスト女史が始めた新しい教育法。わが国では、私立の成城学園での実践が代表的である。

12　１９５２年４月28日、サンフランシスコ講和条約が発効し、日本は「独立」したが、沖縄はアメリカの施政権下におかれた。本土から米軍基地が移転され、日本国憲法は適用されず、人権が蹂躙された。このため、沖縄では４月28日は「屈辱の日」と呼ばれた。現在まで続く沖縄の過重な基地負担などの原点と見なされたこの日、本土でも政府に反対する立場からの政治的な催しなどが行われた。

第4章　ロックアウト下の800名署名と『静かなる、切なる訴え』——民主主義と学習権（11／11〜24）

1　なにがロックアウトにつながったのか

11月10日（月）の生徒総会で可決された方針に基づき、11日（火）から「一週間」と時期を区切ったクラス討論が始まり、連日、それを集約する運営委もひらかれた。クラス討論は、午前中3時間、授業担当の教員が来て授業時間割に沿って行われた。その記録を読むと、教員は「この科目を学ぶ意義」などについて語り、生徒が質問や要望を出す、という展開が多かった。午後は、生徒心得、単位削減、成績評価、定期考査改革、男女別定員3：1の改善などの問題についてクラス討論が行われた。11日、三年の1クラスで出欠席のカウントを認めないとして、出席簿を焼くと言って持ち出す行為があり、バリ派は13時30分から集会をひらいた。

12日、本格的に授業を再開するクラスが出始める。運営委で「授業再開の基準は何か？」という質問に、執行部から「各クラスまちまちでよい」という回答があった。執行部は「生徒心得」「単位制」をクラス討論の議題として提起した。

11、12日ころにバリ派グループから出されたビラには『ごたび生徒諸君に訴える　立川高校職淫会議』とパロディ化したもの〈Ｂ１２６〉があった。また、『2E諸君に訴える　11・10生徒総会決議撤回斗争を！』というタイトルの文章と、『六項目要求貫徹を！―みずからの人間性の回復の為に―』というタイトルの文章が、それぞれ別の個人名を明記した上で、表裏Ｂ４一枚にびっしり書かれているもの〈Ｂ１２７〉。ここで六項目とは、第2章の2で記した「全学ストライキ実行委（準）」が掲げていた「5項目」とほぼ同じだが、これまで、バリ派も含めて誰も言っていなかった「生徒会完全自主管理」という文言が登場している。

13日（木）。校長名で各家庭に『父母の皆様へ』という印刷物〈Ｂ１２９〉が送付される。11・10生徒総会の決定内容を記し、「学校としてもそれを尊重し、現在実施中」と知らせるものだった。HRでは「自由選択科目の設置」（『モーニング・レイン』を想起されたい）「生徒心得改訂」で意見がまとまり始める一方、バリ派グループの妨害（授業、クラス討論に対して）がさかんになってきた。

14日（金）。バリ派グループは「一、二、三年有志」の形で、「5項目要求」に１０４名の署名をつけて、総務部長に公開質問状を提出し、15日13時からの「大衆団交」での回答を求めた。総務部長が「審議の余裕がなく無理だ」と答えると、有志生徒は口頭で17日13時に期限を変更したが、総務部長は「回答までに一週間以上ほしい。」と言って質問状を受け取らず、物別れに終わった。ここでの「5項目要求」とは、①成績評定撤廃　②出席率撤廃　③処分権撤廃　④生徒心得撤廃　⑤全ての教師の20項目自己批判、であった。なお、この日の運営委では「三年の運営委への出席が2クラスのみである」「一、二年でも、7、8クラスの午後のクラス討論が出席者減少で流会になっている」ことが問題視されている。

15日（土）。午前の授業時間中に、バリ派による「5項目の公開質問状を総務部長が受け取らないので、総務室入口に集まれ」という趣旨の放送が入る。その放送で集まった生徒たち（約40名という記録がある）は総務部長を狭い総務室に缶詰め状態にして座り込み、ハンドマイクも使って高齢の総務部長を責め立てることが深夜に及んだ。この中で、「この質問に満足のいく回答ができないなら授業を再開できないはずだ」「17日までに回答できない場合、11月18日の生徒総会で授業再開が可決されても、学校の責任で延期せよ」という発言があったとされる。発行人不明で15日に出されたビラ『11・17大衆団交を勝ちとろう』〈B130〉にも、こうある。


…我々の提起した問題を無視した形で、授業再開への動きがなされているという現状に対応する教師の主体的立場を、我々は問うているのだ。

そしてその時、現実には18日の生徒総会の場において、なしくずし的に〝授業再開〟が行われようとしているのに対し、「黙っていれば授業」という態度は断じて許せない。

17日の解答《ママ》［回答期限の意味か］は、その様な状勢において必然化されたものであって、今から2日しかないからなどと、日数の問題においてのみ質問状を受けとらないなどという×［判読不能］言をもはや許しはしないのだ。［後略］

生徒会長は事態打開のため「教員、生徒会長、中央委議長、署名代表の四者会談」を提起したが、署名代表は拒否。秋月君のレポートには「24時30分頃までバリスト派およびシンパ達と当局の激しいやりとりが続く。バリスト派は校舎占拠し泊まり込む。極度の疲労で双方に倒れる者が続出する」とある。

16日（日）。玄関と校門をピケ隊生徒が固め、教員の帰宅を阻止。校門のピケを解こうとした教員2名がケガをした。11月の冷え込む気候の中で、教員たちは校舎と校門の間の露天に囲い込まれる状況となり、校舎に入れず、校外にも出られず、寒気・疲労・空腹などで高齢の教員などの体力の限界を超えるという、人権の重大な侵害状況がみられた。午後11時過ぎ、校長の要請で立川警察署員十数名が出動してピケ隊を排除した（「機動隊が排除」とした文献があるが、明らかな誤り。教員の通路の確保のため交通課、生徒の帰宅指導のため少年課の署員）。

深夜、教員側は17日〜22日の休校を決定して、17日（月）早朝から各家庭に電話連絡を行う。校門及び校舎は施錠されてロックアウト状態になった。18日に職員会議の名で郵送された『何故休校を決定したか』〈B132〉では、17日朝「ピケを組んだ諸君の働きかけで教室で混乱がおきること」と「再び校舎占拠、教師の校内出入の阻止、〝つるしあげ〟ともいえる大衆団交要求などを行うこと」が十分考えられることを理由にしている。

2　3項目の署名運動が始まった

17日朝。登校した生徒たちは、閉まっている校門に唖然とした。雨が降っていた。バリ派は『11・16官憲導入―17ロックアウトによる斗争圧殺を許さず、断乎校内集会を勝ちとろう！』〈B131〉というビラを配りながら、校門前でアジ演説（アジテーション演説。語尾を伸ばして、若干トーンを上げることが多かった）を行った。三年生の木村君は、「これから立高はどうなっちゃうんだろう？　だいたい、みんなはどうしたんだろう？」と、暗澹たる思いで暫くアジ演説を聞いていたが、傘を開いてたたずんでいた他の生徒たちと同様に、やがて校門を離れた。携帯電話のない時代である。木村君の回想は続く。「喫茶店の数も少なかったし、だいたい当時の高校生の常として、喫茶店に余裕をもって入れるお金はありませんでした。学校に入れなければクラスメートとも会えないし、そもそも見知った顔は見当たらないし、何か自分が、砂粒の一つになったような気持でした。家に帰るしかありませんでした。受験も気になるけど、とても勉強する気になれませんでした」。

18日（火）職員会議は『何故休校を決定したか』『緊急に生徒諸君に訴える』〈B133〉『父母の皆様に』〈B134〉の3種類の文書を全家庭に郵送した。

ここで、生徒たちの中から、新たに3項目の署名運動が始まった。責任者は木村君を含めた三年生の4人と二年生の、11・10生徒総会で可決されたB案を提案した近藤君の5人。以下にその文面を記す〈B136〉。

私達は以下のような趣旨で署名を行ないます。賛同された方は下の欄に署名して下さい。

1、学校側はロックアウトを解き、私達と共に事状《ママ》説明集会を開くことを私達の署名が全校生徒の三分の二以上集まり次第行なってほしい。

——ロックアウトを一週間続けることは、一方的に決められたものであり、休校では学校としての機能が果たせないので、生徒総会もできず、先生と生徒の話し合いも困難である。

2、展望のある、創造的な授業の開始の方針で進む。

——現実の問題としてタイムリミットが近づいている。みんなが授業の中から問題を出し合い、話し合いを進めていくことが必要である。

3、5項目要求反対！

——5項目要求は私達の討論の方向性を無視し、生徒総会決定に基づく活動を妨げるものである。

——また現時点でこれを出すことは、授業を長期にわたって遅らせることになる。

以上の署名は全校生徒の2／3以上集まり次第職員会議に提出します。

そしてこの後、この署名運動は短期間に燎原の火のように広がっていった。木村君が残したノートによると、一年生から三年生までの全クラスに、男女を問わず「私が集めます」とクラスメートから署名をとろうという推進者が現れている。学校で通常の授業が行われ、みんなが登校しているのならことは簡単だが、授業もなければ校門は閉まっている。ほとんどの生徒たちは、交通便利とは言えなかった三多摩全域に住んでいるわけだ。しかも、さきにも記したように、携帯電話、メール、ラインなどない時代である。

当時は「教職員生徒名簿」なる全員名簿があり、教職員全員をはじめ、すべての生徒の氏名、保護者名、住所、電話番号、出身中学がクラスごとに書かれていた。いまそれを見ると、自宅に電話がなくて「××宅呼出」となっていたり、町村の「有線放送」というものしかなくて、農協の支所などの交換台からつなげてもらう、といった家もあったりした（何を隠そう、木村君の家が正にそれだった）。

家の黒電話や外の公衆電話から電話をかけて、自宅まで署名をもらいに行く。31ページに登場した、かつてバリ派に惹かれていた堂安君の記憶。彼も署名の推進者の一人だった。

「とにかく、多摩は広い、って思いました。行ったことがない駅で下りて、ギョッとしました。なにしろ、周りじゅう畑だらけ。住所はわかるけど、とにかく家がない［地図機能がついたスマホなんぞありません。念のため］。どうにもわからない。人もいない、畑ばっかり。ようやく農作業をしている人を見つけて、『××さんの家を探しているんですけど。』と言ったら、『ああ、立高に行ってる××さんとこね。それは、ほら、あそこの崖の下だよ。』と教わって、行ってみたら、『よく来てくれたなぁ！』とご両親からも言われて、おいしいおやつを食べさせてもらって帰りました」。

立川駅の南口で、いつ来るかもわからない級友を待つ姿もあった。見つけると、署名用紙を差し出して、語り合う。そんな光景が展開された。「数時間も粘り説得することもしばしばあった」と秋月君のレポートにある。ある父母は、署名を必死に集める息子の様子に、「我が子ながら立派だなぁ、偉い！　と思って誇らしい気持ちになりました。私達も頑張ろう、子どもを見習って、と思いました。」と語ったという。堂安君同様、31ページで登場した中田君の言葉。

「署名をもらいに行って、断られた記憶がない。これまで声を上げられなかった生徒たちにとって、あの署名は、初めて『自分の意思表示ができる』という機会だと感じられたんじゃないか、という気がします」。

責任者にもなった木村君の思い出。

「なにしろ学校には入れない。学校の近くに署名運動の本部が必要だ、ということになって『そういうことならオレに任せろ』と鮫島君が場所取りの交渉を買って出た。『いいところがあった』と言われて行ってみて絶句した。確かに立川駅と立高の中間くらいにあって便利なのだが、見るからに『怪しげ』な旅館。ある時のこと。自他ともに認める方向音痴の自分は、トイレからの帰りか何か、沢山部屋があるうちの署名本部を完全に見失ってしまった。ままよと入口（ドアだったか襖だったか）を開けると、上半身の裸を布団に横たえている中年男性がタバコをふかしている。ジロッと睨まれ、『あ、す、すみませーん！』目をつむって慌てて入口を閉めた覚えがある。今から考えると本当に信じられないけど、そういう旅館に、白昼、女子生徒までもが出入りしていた…無我夢中だったというか一生懸命だったというか…うーん、使命感はためらいなど超えてしまうのか…」。

この署名に対し、執行部は『全校生徒諸君へ』というビラ〈Ｂ１４７〉を出した。あわせて『事実経過報告』というビラ〈Ｂ１５２〉も出した。『全校生徒諸君へ』の内容の一部を紹介する。

14日の有志による公開質問状提出、16日の警官隊導入、17日以後の休校措置、20日の説明会［76ページ参照］という一連の事態の進展の中で、次第に執行に対する不信感が高まってきている。その理由として、執行がハッキリとした態度を示さず、さらに、執行がある有志団体とともに行動しているような形になってしまったからだと思われる。

しかし、我々執行委員会は、決して『一部の有志のために』活動していたのではなく、執行独自の判断により、活動していたのだということをここにハッキリと明言したい。そして、執行委員会は、たとえ、ある一つの有志団体と考え方が同じであっても、ともに行動してはならないと考える。というのは、執行委員会というものは、常に１２００人を対象にして活動していかなければならないと考えるからである。したがって、相対する二つの意見があった場合、その問題に対する執行の見解を出すことはもちろんであるが、それと同時に、それらの意見のどちらかが多いか少ないかにかかわらず、その二つの意見がたたかわされる場—討論の場をまず作り出さなければならない。

我々執行委員会は、今までそうやってきたつもりであった。しかし、現在、多くの生徒に対して、不信感を与えてしまっているということは、我々執行としても、遺憾であり、かつ、大いに反省しなければならないと思っている。

現在、学校側は即時授業再開を打ち出し、多数の生徒が一日も早く《ママ》授業の開始を望んでいる。執行の方針もまた、その考えを妨げるものではない。しかし、単に感情的に不安だからと、何がなんでも授業を始めるといった考えを無批判に受け入れることはできない。何故ならば、ある有志団体が５項目に関する問題提起をし、５項目に対する見解を出さずして授業再開はできないと主張しているからである。［中略］

今現在、三Gを中心とした署名運動が行なわれており、かなり多数の生徒がこれに参加している。我々執行部は、この署名に関し、内容をどうこう言う以前に、方法上の問題があるということを、今ここに明らかにし、署名に対する態度を表明したい。

まず第一に、署名の四つ《ママ》の項目は決して並立の関係にあるものではない、ということ。何故ならば、「ロックアウト解除」ということは、直接「授業開始」につながってはこないし、「五項目要求反対」などということには全くつながってこない。それを一つの署名としてとりあげること自体、まず、おかしいのではないかと考える。

第二に、署名の主旨説明があいまいであったために、多くの誤解が生じ、その誤解に気づかずに、×［判読不能］に「授業開始のためだけの署名」とか、「ロックアウト解除のためだけの署名」と考えて署名した生徒が少なからずいたということ。

このことは、ただ署名を取り下げればすむという問題ではないと考える。すなわち、署名という××［判読不能］は、相互とも、それ相当の責任をもって行なうべきものであり、誤った意味で署名したら訂正してもらえばいいという安易なものでは断じてない。

我々執行委員会は、この署名には、以上の二つの問題があると考える。したがって、ここに、現執行は、この署名を担っていくことはできないということを表明する。

執行部はそういう姿勢だったが、署名は全校生徒数の三分の二を超えるのである。23日（日）には一・

二年の父母会がひらかれ、二年の会合では「学校の方針全面支持」が決議された。授業再開の舞台が整いつつあった。

職員会議は20日（木）に、立高生にはコンパ、応援団の練習、部活などでなじみの深い多摩川近くの広場で説明会をひらいた。3項目の署名グループも「いきさつを明らかにする説明会を」と求めていたが、総務室に座り込んだグループは、『欺瞞的「説明会」を許すな！』と題したビラ〈B143〉で「説明会へ隊列をもって介入」「[説明会後]校内デモンストレーション実現」を呼号していた。

説明会は午後2時から始まり、教員側から事実経過の報告と今後の展望が語られ、それに生徒たちが質問する形式で行われた。教員側の進行が一方的だとしてバリ派などが抗議して騒然となる。2時間が過ぎて午後4時に打ち切りが宣言されると、教員が乗ったマイクロバスを一部の生徒たちが取り囲んだが、逆にバスが出られるように協力する生徒たちの動きもあった。

3　『静かなる、切なる訴え』

24日（月）。全校生徒数の三分の二を超え、「800名署名」と呼ばれた「3項目署名」が教員側に提出される。ロックアウトの前週と同じく、午前中60分×3時間で授業が再開され、午後、800名署名グループ主催の集会が行われた。朝、校門付近で二年生の父母約40名が「私たち立川高校の父母は互いに手をつなぎ、…」で始まるビラ〈B154〉を配布する。23日の学年父母会で決定されたものである。

一方、総務室座り込みグループから『真実!!』『騒々しき地獄からの訴え!!』といったビラ〈Ｂ１５５、１５６〉が出され、バリ派の中からは、授業をさせまいとする動きがあった。そうした中で、これまで一枚のビラも出さなかった、三年生のある女子生徒が、８００名署名グループの前に姿を現した。50年後、彼女にその時の心境を聞くことが出来た。

「私たち女子にとって、当時、浪人することは四年制大学に行けないことを意味していました。私には妹や弟がいたし、どうしても勉強したい、授業を受けたい、と思っていました。

でも、バリ派の人たちは、『我々を論破しなければ授業はさせない』と言う。『話し合い』と言っても、あの人たちに賛成するまで終わらない。『授業を受けたい』と言うのに、どんなに勇気が必要だったか…」

彼女の訴えを聞いた、木村君の記憶。

「彼女の顔を見た時、すごく思いつめた、だけど決然とした感じを受けました。なにか、こう、神々しいというか…どうしても、彼女を孤立させてはならない、って思いましたね。周りに彼女の書いてきたものを見せたら、みんな感動していました。そして、この人が誰だかわからないようにしよう、って声が出て、じゃぁ賛同する人たちの名前をバーッと連ねて、その中にこの人の名前を入れればいい、ということになったんです」。

彼女の原稿は８００名署名グループに大反響を巻き起こし、二、三年生の中から、彼女の文のタイトル『静かなる、切なる訴え』〈Ｂ１５７〉の『その２』〈Ｂ１５８〉『その３』〈Ｂ１５９〉を書く者が現れた。

彼女の文の最後に「この意見を支持する人々」という形で35名が名を連ねたが、そのなかの女子のほとんどは、今まで意見を発表しなかった生徒たちだった。彼女のビラには、こうある。

［11月16日の警察官導入の背景］を考えてみると、どうしても次の三点が問題になってきます。

①五項目要求自体が、11月10日に決定された近藤提案（授業を前提とし、内容について、学科担任と話し合う。）という方針を無視していること。すなわち、授業を行わせている体制自体を問題としていること。

②五項目要求に対する質問といっているが、実際は、五項目要求を学校側にのませようとしているに他ならないということ（というのは、学校側が、バリスト派に不満な解答《ママ》をした場合、彼らは、〃その解答の理論的根拠を明らかにせよ!!　そして僕らを論破しない限り、それを認めることはできぬ。〃という問題のすりかえをすること）。

③教師側の体力、能力の限界を無視していること。［中略］

［授業や授業を行わせている体制について検討しなければならないが］それは、あくまでも、〃人間の言論・行動の自由を尊重する〃ということを忘れてはならず、大前提〃人間が生きていくうえで、体制がどうかわろうと、捨ててはならない〃という基本原理に立脚したものでなくては、なりません。しかしながら、バリスト派のいわゆる体制打破とは、この不可変の原理そのものを粉砕しようとするものです。［中略］

彼らは、〃いわゆる体制〃を破壊した後のことは、それから討論して作り出していくのだ、といっています。しかしながら、民主主義自体の崩壊の後、はたして民主的な討論が、可能でしょうか？あるのはただ、ファシズムのみです。［中略］

授業をうけつつも、それに押し流されず、絶えず〝これでいいのか？〟と検討しつづけ、〝どうしても今の体制では、この点がおかしいから変えるべきである〟と明確に記して、はじめて今の授業を批判し、授業を肯定している人を説得しうるものだと思うのです。

今こそ私たちは、冷静に正しく事態を見つめ、すべての大前提である民主的ルール自体を破壊しようとするバリスト派と、その大前提を認めた上で教育体制を改革しようとしている学友諸君とを、はっきり区別しなくてはならない。そして〝10・20の反戦・反安保・教育秩序に総叛乱〟という問題を巧妙に歪少《ママ》化し、大多数の人の自由を侵し、学校を混乱におとし入れ、教師及び生徒相互間に不信感を植えつけたバリスト派に対し、あくまでもその責任を追及すべきです。そして同時に、民主的ルールをふまえたうえで、改めて自分のおかれている体制に目を向け、検討し、真に納得のいく授業とはどんなものか、自分の頭で考えていこうではありませんか。

このビラが、30ページで紹介した、初めピケ隊に加わった二年生の中林君の意識を変えた。

「僕もバリ派の『手段』は悪いと思っていた。でも、彼らの問題提起は受け止めなければならない。少なくとも、進学校にのほほんと通っている自分には彼らを批判する資格はないし、正論でもって事態を収拾してはならない、と思って自縄自縛状態にあったと思います。その頭を、ガーンとどやしつけられたような気がしました」。

中林君が、さらに「とどめを刺された」という『静かなる、切なる訴え　その2』（文責は二年生の戸川君）は、バリ派自身が「我々の行動の根本は感性である」と語っている（10月21日付のビラの発行者名は「肉感主義者同盟」だった）ように、「感性」でほかの生徒に「考え」「立場」「行動」を迫り、「感性のちがい」から「心情（バリスト支持）派」と「反バリ派」が誕生した、と分析した。そして、

　彼らの運動が成就される道は、ただひとつしかありません。それは、全校生徒の感性が、彼らの感性で統一されることです。そうなったときはじめて、彼らの思うように、運動が展開されるわけです。
［中略］
［このように「運動の統一基盤として感性を採択してしまった」のがバリ派の「根本的な誤謬」であり、］一つの感性で全体の感性を統一するというのは、とりもなおさず、個人主義の崩壊であり、全体主義（ファシズム）の抬頭であるわけなのです。［そして、こうした］ファッショ的な〝感性押し付け政策〟に反対し、感性ではなく、民主主義にのっとったところに共通の基盤を見出してゆかなければならないのです。［中略］
　こうして立高という一ヵ所に集まっているのも授業があるからなのです。この授業という共通基盤を放棄しては、全校的な方向性が打ち出されようはずがありません。授業放棄をして得られるのは、1200の感性がぶつかり合う混迷状態だけです。しかも、一部の者の感性が、他者の感性を押える

といった危険性さえもはらんでいるのです。［後略］

と記していた。

民主的ルールを守れということと授業再開を軸とする８００名署名と民主主義・学ぶ権利を主張する『静かなる、切なる訴え』が結びついた瞬間だった。

《第４章　事実経過》 11月11日～クラス討論で授業を始めるクラスが出てくる　14日　バリ派グループ、公開質問状を持ってくるも物別れ　15日～16日　大衆団交的状況で教員が缶詰め状態　警官隊導入でピケ隊を排除、22日までの休校措置を決定　20日多摩川近くの広場で説明会　ロックアウトのなか、８００名署名が始まり目標達成　24日『静かなる、切なる訴え』が出される

第5章　生徒会再建と新生徒会長の選出へ
——民主主義と学ぶ権利をめぐる攻防（11／25〜12／26）

1　授業完全再開の一方で新たに引き起こされた混乱

25日（火）。午前の生徒総会は出席719名の過半数で成立。「6時間授業開始と教育問題検討委員会の設置」が過半数の賛成で可決された。その総会の冒頭で、生徒会長は辞意を表明した。この日の午後から授業が行われたが、バリ派の妨害が目立った。教壇を占拠してえんえんと演説する、クラスの生徒たちが押し出すと入口で「入れろ」と叫び続ける、黒板にマーガリンを塗る、黒板に字を書くそばから消す、理科の実験の電源を切る…。

26日。職員会議は23日付の『今後の方針について』〈B151〉を出し、その中で、生徒とともに授業内容の質的改善に取り組んでいくことと、「生徒心得など」「カリキュラム」「ゼミナール」の検討開始を訴えた。一方、バリ派は「不処分要求署名」を始めたが230名で中止。授業妨害が続いた。現状の流れに納得できない立場からのビラも出された。

27日。新たな混乱が始まった。中央委がひらかれてバリ派メンバーが「会長代行、暫定執行が承認された」として、「会長代行」をはじめとする自称「暫定執行」が執行部室に入ったのである。これに対して、生徒会の機関の一つである監査委員会（以下、「監査委」）は「会則により、生徒会長は生徒会会員の投票により決定されるべきである」という見解を発表した。29日（土）には監査委の前記の見解を記したビラ〈Ｂ１６６〉、「（辞意表明した）会長、執行部員一同」名の『執行委員会解散、会長辞意表明』のビラ〈Ｂ１６５〉、さらに「暫定執行」からの『討論資料』〈Ｂ１６７〉が出され、つづいて30日（日）の日付で『暫定執行を認めてはならない』と題するビラ〈Ｂ１７０〉が出される事態になった。そのうち、『執行委員会解散、会長辞任表明』の内容の一部を紹介したい。

私達は、皆さんに立川高校執行部の解散および生徒会長の辞任の旨をここに、あらためて、お知らせします。

辞任および解散の理由は次に申しあげるとおりです。

対権力闘争を担っていく事ができなかった我々にとって、この事は必然的なものであり、かつ、現時点において、執行部は全校生徒の総意というものを反映し得ず、又、学校側と生徒との中間に位置するような、現在の執行委員会の機構そのものに疑問をいだきました。

我々は二つの対立する意見が生じた際には、いつでも、まずその討論の場を確保することに極力、努力してきました。その過程において「執行は一方に傾いている」というように誤解してうけとられた面もあったようです。又、「執行は全校生徒の中の最多数の人間の意見に従って行動しなければならない」という意見もありましたが、その時に我々は執行委員会として「多数の意見が必ずしも正しいものとはいえない」との確認をしておりました（これがそれからの我々の活動の根本理念となりました。但しこの考えは、必ずしも多数が誤っているという考えなのではなく、正しいものと一面的にとらえてはならないと考えただけのものです）。

執行とは、多数の人間の代弁者たるものなのか、執行独自の見解をはっきりと打ち出していくものなのか、このような執行の位置づけ、定義づけがはっきりとなされないままに結成されたこの執行は、その位置づけの討論に多くの時間を費やしてしまい、その為に種々の状況に対する態度が、はっきりとされるのが、遅れてしまったわけです。［中略］

今まで、我々の不慣れの為、無謀ともいえることもたびたびしたことは否めない事実です。しかし、その中から一つの執行観が導き出され、そして活動した時、既にその行動は限定されたものだったようです。全校生徒の中から８００名の署名（我々はこの署名の三項目が並列されるべきものではないという見解を示した）が出され、それは執行につきつけられるものではなく、直接学校に交渉するものとして出てきた事等をみればわかることでしょう。現在の機構の中での執行の仕事（学校と生徒のとりもち役）×できないような状況だったのです。

――我々は以上のように判断したわけです――何ら問題××××れる事のない授業の再開を前提とした説明会しか行われず、11／24の生徒の意見を絶対に聞くべきだと我々の判断した生徒総会の開催要求は、受け入れられずにあった状況からも先の結論が出てきたわけです。生徒部とどうしても協調できず、又、この混乱の中で執行への不信感が強くなった現在、我々は学校側の〝授業再開〟を今までの活動からの×××とみなして我々は解散し、又、会長も辞任し、又、別の立場からこの問題にとりくんでいきたいと考えています。こうして我々は、これからの執行や新会長決定の件を監査・中央委そして全校生徒に委託したわけです。

こうして今、我々が考えてみると、やはり執行の機構そのものの位置づけが職員会議の下に位置づけられていた事も我々が耐えられない事でした。［後略］

２　授業と生徒会に対する二つの方向性の対立

週が明けた12月1日（月）、中央委（定数48名）がひらかれ「中央委解体」を賛成20反対４で決議。「クラブ解体」を宣言する部も出てきた。その一方で『中央委は27日の決定を白紙撤回せよ！　中央委をリコールし我々の中央委をつくろう！』というタイトルのビラ〈Ｂ１７３〉が、８００名署名の三年生の責任者３名と一年生１名の個人名で出された。また、監査委は新生徒会長選挙を告示し、翌日「中央委員会の、会則を違反した決定は決して認めない」という内容のビラ〈Ｂ１７６〉を出した。それらに対して、出所の記載のない『中央委員会解体宣言』というタイトルのビラ〈Ｂ１７４〉が出されたが、その中の「管理機構の一翼を担っている執行そのものを解体し…」という文言が注目される。

ここにおいて、バリ派が唱えてきた「教育秩序を成り立たせている授業再開阻止、生徒会解体、クラス解体（そしてクラブ解体）」という方向性と「授業再開、現行の生徒会会則にのっとった新会長選挙実施」という方向性が〝相容れないもの〟として鋭く対立することになった。バリ派は2日、正面玄関に「50項目自己批判要求」「12・3全学追及集会」のポスターを掲示した。

明けて3日に出された『本日の集会を告発スル!!』（一、二、三年有志）のビラ〈Ｂ１７９〉は、「授業を開始しようという確認」に「反する」集会を糾弾し、一方、「立川高執行部」を名乗るビラ〈Ｂ１７８〉は、バリ派の「会長代行」の個人の文責で「全ての立高生は12・3全学総決起追及集会に結集せよ!!」と訴えた。教員側も『生徒会〝解体〟と〝全学追及集会〟について』というタイトルの文書〈Ｂ１７７〉を出してバリ派の動きを批判。昼休みに噴水付近でひらかれた「全学総決起追及集会」には約20名が参加したという記録があり、参加者は6時間目の授業が行われている校舎の廊下を「授業反対、闘争勝利」と呼号してデモを行った。この同じ3日、８００名署名グループの1人が会長選挙への立候補を決意した。誰あろう、かつてはバリケードを守るピケ隊の一員だった中林君である（第2部第7章参照）。

4日には教員側の教育問題検討委員会（以下、「教検委」）がスタートし、生徒心得、均質クラス（男女比のこと）、カリキュラム、ゼミナール、学校行事、学期制（立高は前期、後期の2期制であった）などを議題にした。その一方、バリ派グループからは「クラス解体宣言」「クラス斗争委発足」が訴えられる。それに反対する立場から翌5日には、バリ派グループが自分たちの反対派を、「民青に引張られている」「教師の手先」などと「誹謗中傷」することを批判するビラ〈Ｂ１８０〉が出された。

3　選挙・授業妨害が行われ、監査委員が監禁される

前述の〝相容れない対立〟は、さらに激しさを増していった。翌週の9日に「暫定執行」が生徒会執行部室に入り、翌日には部屋を封鎖したので、教員が扉を外した。11日（木）4時間目、生徒会長選挙の立会演説会ではバリ派グループが騒ぎ、卵を投げつけた。この日バリ派は、扉のない執行部室前に「故立高職員会議」「故立高生徒会」の位牌を設置して焼香を行った。

その一方、監査委は会長選挙の日程と投票方法を発表。立候補した中林君は監査委発行の選挙公報〈B183〉で、バリ派に対して「『授業をうけること＝権力者側ベッタリの姿勢』という問題のみにすりかえ」「考えのちがうものに対して物理的な力によってその者を押さえつける」と批判しつつ、自分たち自身もこれまで「何も生みだしえなかった」と反省し、「たった今から」「各人が各人の方向へ出発することにしましょう」と訴えていた。さらに800名署名グループの有志とともに13日に『私達の方針』〈B185〉というビラを出して、民主的なルールを守って生徒心得や生徒の要望に基づく講座制などを検討していこう、と主張した。

翌週の15日（月）には会長選挙の投票箱が何者かに破壊され、三年のあるクラスでは授業妨害に抗議した女子生徒の顔に、もみ合いの中で手が当たる事態が起こる。この日出た『生徒会の存在を問う』〈B186〉というビラは、「民主主義とは…多数決への盲目的服従」と訴えた。16日も授業妨害が続く。バリ

派は映画会を開催し、その入り口には初めてゲバ棒[13]を持った生徒が立った。『２Ａの諸君にしつこく訴える』というビラ〈Ｂ１９１〉が出たが、その中で10・30生徒総会でのＣ案提案者である小塚君は「会長選挙を許さず」と記す。

17日も授業妨害が続く。バリ派は翌日の選挙を準備している監査委に対して、監査室に押しかけて「話し合い」を強要。見かねた教員が、足で蹴られたりしながら監査委員たちを「救出」する一幕もあった。「救出」という表現は決して大げさなものではない。後に監査委が『叫び』と題したビラ〈Ｂ１９３〉を発行したが、それを紹介する。

十七日放課後、いわゆるバリスト派の人々が監査室に押し掛け、監査に対し、会長選に臨む態度について質問にきた。そこで、我々監査は約三時間に渡って、彼らと種々意見交換を行い、監査としての見解を答えた。しかし、彼らはあくまで、監査の答えは答えになっていないとし、我々が六時頃もうこれ以上討論を続けても、結着などつかないと判断し、帰宅しようとしたところ、話がつくまで帰さない、と監査室の出口の前に立ちふさがり、我々の帰ろうとするのを実力で拒んだ。そこで、教師が間に入り、小ぜり合いのすえ、我々はやっとのことで学校を出た。そこで、我々としては、彼らのあまりにもひどい態度に対して、怒りを覚えざるを得ない。我々が彼らに対して納得のいくような答えをしなくては帰さないという…これはまさに監禁でしかないのである。我々監査は、以上のことを、全校生徒に訴えざるを得ない。

４　新生徒会長選出

12月18日（木）。生徒会長選挙の日。朝、バリ派は登校する監査委員に「話し合い」を強要して、10時半ころまで校舎に入れなかった。昼休みの会長選挙は妨害のため実施できず。一方、この日から教員側の教検委がカリキュラムの検討を始めた。

19日。選挙を実施しようという生徒たちが、激しい選挙妨害に対して自発的にスクラムを組むなか、正味1時間ほどだったが投票が行われた。１名のみの立候補で、信任３３１・不信任25・無効9。短時間で、三年の登校者が少なく、しかも激しい妨害があるなかでの３３１という数字。生徒会再建正常化への切実な期待の表れ、と言えようか。生徒会を「解体」でなく「再建」して、地道に改革を進めようと訴えた中林君の当選が監査委から発表された。この日、『教師―民青―監査三者一体となった生徒会再建策動に依る斗争圧殺を許すな』というビラ〈Ｂ１９６〉などが出た。

22日（月）から三年生の期末定期考査が予定されていたが、20日にバリ派は「期末テスト実力阻止」の立看板を出す。同じ20日、バリ派から『昨日の監査―民青の「生徒会長選」独断専行を告発し、…期末テストを実力阻止せよ』というビラ〈Ｂ１９７〉が出された一方、中林君のグループは『我々の力強い運動のために』というビラ〈Ｂ１９８〉を出して、講座制の設置運動などを呼びかけた。期末考査に対する妨害行為を案じて父母が来校する。10名の生徒が試験をボイコットしたが、全体として考査は予定通り実施された。

26日（金）から冬休みに入り、教検委は旺盛に連日検討をすすめ、その結果は年明けの８日に生徒向けの『中間報告』〈Ｂ２０３〉で伝えられることになる。

《第５章　事実経過》 11月25日　生徒総会で授業再開と教育問題検討委員会設置を決定　バリ派の授業妨害さかん　26日　職員会議、『今後の方針について』で授業内容の改善とともに生徒心得、カリキュラム、ゼミナールの検討開始を訴える　27日　中央委、「生徒会長代行、暫定執行の承認」決定→監査委員会、これを認めない見解を発表　12月１日　中央委、「中央委解体」を決議　監査委、新生徒会長選挙告示　４日　教員側の教検委スタート　10日　「暫定執行」執行部室を封鎖→教員が扉を外す　11日　生徒会長選挙の立会演説会でバリ派妨害行動、バリ派が扉のない執行部室前で焼香　16日　バリ派の開催した映画会で初めてゲバ棒が登場　17日　バリ派が「質問への回答が答えになっていない」として監査委を監禁　18日　生徒会長選挙、バリ派の妨害でできず　19日　選挙、自主的なスクラムに守られて実施→中林君、生徒会長に　22日～　三年生の期末考査　26日～冬休み　教検委は連日会合

注

13　当時流行した言葉で、「ゲバルト棒」の省略形。殴打、威嚇するために使われた、角材などの棒。ゲバルトとは、ドイツ語で、「力」「暴力」などの意味。

第6章　講座制実現への動き

――「学習権」を実体化する制度作り（12／31～3／31）

1　退学処分が出される

1969年12月31日（水）職員会議は、第5章に記した数々の妨害行為などを主たる理由として、4名（三年3名、二年1名）の退学者と24名の確約書提出者を決定。該当者に通知するとともに、全家庭に『生徒諸君に―処分に際して―』〈B201〉『父母のみなさまに』〈B202〉を発送した。その中で、退学処分についてこう記している。

職員会議は十二月三十一日、退学者四名及び確約書提出者二十四名を決定し同日保護者に伝えました。

四名の退学者は十月二十一日以来教師の再三にわたる説得や友人の批判抗議にも耳をかさず、授業放棄、バリケード封鎖、校舎占拠、ピケ、授業妨害、生徒会長選挙妨害、教師・生徒に対する身体拘束、罵り雑言、脅迫など暴力的行為をくり返しておこない、又その中で指導的役割をはたしてきました。私達は相手の立場を全く認めず、自己の主張のみを暴力的におしつけ教師・生徒の権利を侵害しつづけてきた一連の行為について慎重な検討を重ねた結果、今後この四名が立高に在籍することは認められないという結論に達しました。

このように私達の指導の限界を超えた生徒を処分するのやむなきに至ったことは誠に残念なことで痛切な思いで決断したものです。立川高校千百余名の生徒全体に責任を負う私達としてはこの他に道はなかったと言わざるをえません。

しかし彼等の将来を考える時、その勉学の道を完全に閉ざすことは不適当であるので、その意志があれば依願退学を認めることにしました。私達は本人が今回の経験を生かし、正しく成長してくれることを願っています。

確約書の提出者については今後、前記のような行動によって、教育・学習という学校本来の目的を妨害しないことを確約するならば過去の行動の責任は問わないものです。しかし過去の行動を反省せず確約書を提出しない場合は無期停学とします。

今回のこの処分は一般社会における刑事処分とは全く異なるもので、教育学習の場における秩序の確立という点から十月二十一日以降の一連の行動を対象として決定しました。それは先月生徒会執行部から提出された公開質問状に対して既に答えた方針となんら変わっていません。特に強調したいことは、処分にあたって、その生徒の思想でなく行動を基準としたことです。

即ち〝教育秩序に総叛乱〟〝立高解体〟をとなえてどう行動し、立高の教育学習活動をどのように阻害してきたかということです。[後略]

三学期が始まった1月8日（木）から17日（土）まで、日曜日を除く毎朝の登校時に、退学者1～3名と在学生2～5名がスクラムを組んで入構を試み、それを教員側が阻止する行為が続いた。8日には『〝大量処分―立高アウシュビッツ〟粉砕斗争に起て』（立高・荒野の7人部隊）というビラ〈B204〉が出され、立川駅南口では、バリ派とOBの支援組織と称する団体がそうしたビラ（支援組織名のビラもあった）を配布した。一方、この日職員会議は『生徒諸君に―今後の教育問題についての中間報告―』（以下、「中間報告」、後述）という文書〈B203〉を5時間目のHRで配り、新生徒会長と一、二、三年有志が処分について職員会議に公開質問状を出した。このなかで、立高・荒野の7人部隊のビラの内容の一部を紹介したい。

立高生諸君！

職員会議は、暮れもおしせまった12月31日、退学者4名、確約者24名（出さない場合は無期停学、今後校内で斗争を続けたら退学という内容のもの）という空前の大量処分を〈歳末決算総ざらえ〉とばかりにうちだすことによって、これまでの斗いをきれいに〈清算〉し、同時に、みずからの「斗争圧殺」の舞台をも〈幕〉にしようとしている。だが我々は、この〈幕〉のうしろに展開されている修羅場から流れてくる血のにおいを知る限り、かけあがっていって幕をひきちぎり、斗争圧殺の「主体」を我々の前にひきづりおろさねばならない。

〈処分〉が「教育学習の場における秩序の確立」のために「その生徒の思想でなく行動を基準」としてなされたところに、我々は〈処分〉がだれによって、何のためになされたか、ということを、その犯罪性と、おおいかくせない欺瞞性を、みてとることができる。〈秩序〉の抑圧性を〈秩序〉を破壊することによって告発し、それに敵対しようとする時、権力は〈秩序〉そのものの論理をもって我々を圧殺してくるのだ。思想は「自由」だが行動は許さない（かくして、あらゆる変革の思想は衛生無害な欲求不満のハケ口としてのオシャベリに転落する）という「秩序」の論理によって処分が貫徹されている時、だから「教育学習の場における秩序の確立」という万人にあたえられるべき「平等」は斗う者への「ねらい撃ち」として機能する。そしてそうした処分が、あたかも普遍の論理としての〈秩序〉の名のもとになされようとする時、教え子を「裁く」教師のゆがんだ顔の中にこそ、我々はもっとも許されざる罪人―処分執行人をみるのだ。［中略］

　現実にバリケード斗争という現在的にもっともラディカルな斗争があり、現実に処分されたものが、（事実確認もなされることなく事実誤認までありながらそれでも強行に《ママ》処分がまかりとおり、いまだ学校当局は、学園秩序を全面的に前提にした言葉しか、みっともなくも我々にいいえていないにもかかわらず「教育の限界をこえた」などと恥ずかしげもなくひらきなおり、何故に「授業妨害」「会長選阻止斗争」がなされたのかに対しては一言も答えられず、）いるということ、校内にはいると「不法侵入」の名のもとに教師と機動隊との手によって排除される人間がいるのだということ、そしてさらにそうした教師と生徒との関係は、今や100名前後の学友にとって、電話や家庭訪問という形で、おどかしに来る教師の姿は消しがたいものであるという風に、その正体を自己バクロしつつある時、問題は「退学」になった人間を校内に入れてさらに弾圧を実践的にはねのけ斗いをおしすすめるのか否か、又〈秩序〉の花影にかくれている教師をひきずりだすことによって処分白紙撤回を勝ちとるのか否か（撤回してもらうのではない）なのだ。［後略］

「処分粉砕」のビラは連日のように出された。また、『受験戦線からの悲痛な叫び』という三年生からのもの〈B217〉や、『全ての高校生・労働者・市民・学生に訴える　立川高校処分撤回斗争に総決起せよ!!』（立川高校斗争を支援する三多摩高校生共斗　仮名）といったもの〈B215〉が目をひく。後者は、隣の市の一橋大学兼松講堂での「1・18三多摩高校生総決起集会」につながっていく。

19日（月）登校時間帯に他校生を含む13名がスクラムを組んで入構を図る動きを見せたが、その後は、校門付近での「校内進入示威行動」はなくなった。

2　講座制検討委の発足

新執行部や運営委が発行した資料によると、11月1日ころから、HR討論で「自主ゼミ」「講座制」等の要求が出されていた。そして12月13日発行の『私達の方針』（87ページ参照）〈Ｂ１８５〉や、20日発行のビラ〈Ｂ１９８〉などでも「講座制の検討」がうたわれていた。

一挙に現実化したきっかけは、本章の1でふれた『中間報告』である。骨子を記す。

職員会議は一月七日、今後の立川高校の教育問題について今まで続けられてきた教師側の審議を一応まとめ、中間段階として生徒諸君に発表することを決定しました。［中略］今後基本的には必修単位数をへらし［中略］自発的な学習を期待する意味で増加単位を減らし、自由選択科目をおく方向で検討を進めています。［後略］

つまり、文部省（当時）が定めているものより多い単位数にしている科目の単位数を減らし、その分で自由選択科目を設けよう、ということだった。これを受けて新生徒会長（以下、「会長」）は12日『〝講座制検討委員会〟（以下、「検討委」）設立とメンバー募集について』〈Ｂ２１２〉を出し、応募を受けて14日検討委は会長の諮問機関として、カリキュラムに生徒の意見を反映させるものとして発足した。委員長には、31ページに登場した堂安君がなった。そのメンバーは、これまでの事態の中で表立った動きをしてきたメンバーではなかったが、ＨＲ討論に真摯に取り組み、4月からの講座制実現の意欲に燃えている人たちで、突貫工事のように作業を進めることになる。19日、講座制の形式や内容などについて、全校生徒にアンケートを実施。21日にはその結果を発表し、教検委との初めての会合がもたれた。

３　「処分撤回斗争」のその後

さきに記した、19日（月）の他校生を含む校内進入行動に対して、20日『学習権の侵害に断固抗議する』というビラ〈Ｂ２２２〉が、８００名署名の三年生の責任者３名から出された。これに対し、発行者名は不明であるが、「〈何か言いたい〉―〈何も言えない〉…これこそ現在の立高の状況である［後略］」と記したビラ〈Ｂ２２３〉が『反逆宣言』というタイトルで出されているのが注目される。

22日（木）には『大量処分抗議集会を勝ちとり、処分《ママ》者を我々の手で迎へ入れよう！』という発行者不明のビラ〈Ｂ２２４〉がまかれ、昼休みに無届集会が校内でひらかれた。５時間目のＨＲで講座制について議論している最中に、他校生を含む集団（約30名との記録あり）が校内に乱入し、教員と生徒数人が校外に押し出す動きをした。翌23日に、会長と執行（準）の名で『外人部隊侵入に断固抗議する』というビラ〈Ｂ２２７〉が出された。

26日（月）には「処分白紙撤回、大衆会見１・28実現」を唱えて集会を呼びかけるビラがまかれる。昼休みに無届集会が行われ、参加した約20名の生徒が「大衆会見要求書」を校長室に持って行き、その受理をめぐって校長室前が大衆団交的な状況になる。校長対象の行動は、これが初めてである。

28日にも同様の動きがあるが、校長は大衆会見を拒否。この後、31日（土）に『全ての戦闘的学友は立高襲撃斗争に総決起せよ！』という発行者不明のビラ〈Ｂ２３８〉がまかれ、「１・31諏訪の森（立高の近くの神社）集会」と呼ばれた集会が行われ、「立高包囲デモ」（約１３０名との記録あり）が行われたが、この後校内外で目立った動きは見られなくなる。２月20日の高校入試当日に立川駅南口で『官憲に守られた入試を告発する！』というビラ〈Ｂ２４１〉がまかれた。この年の入試は、中学校教員の付き添いが目立った。

４　講座制＝自由選択科目の実現、次の生徒会へ

講座制の実施へ、検討委（生徒側）と教検委（教員側）は協議を重ねた。それと並行して、中林会長は『私たちの主体的姿勢の確立を!!』などの声明〈Ｂ２１６〉を発表し、１月24日（土）発行のビラ〈Ｂ２３０〉では「生徒会憲章（仮称）」をつくることも訴えた。

検討委は１月29日に「講座の基本原則案」〈Ｂ２３５〉を発表し、クラス回りなどをして討論を呼びかけた。それに続いて、具体的な内容を出していこうとした。

２月20日（金）。教員側は『自由選択科目の設置にあたって』という文書〈Ｂ２４４〉を出して、全校生徒からアンケートをとった。「講座制」は自由選択科目という形で、カリキュラムに組み込まれたわけである。これに応えて執行部は「選択科目協議会」をつくり、生徒からの質問や意見を反映させる活動を開始。カリキュラムを都教委に提出する期限を考えると、残された時間はわずかだったが、生徒たちから「新しい天文学」「工芸」「電気回路」「西洋哲学」など、たくさんの希望テーマが出てきた。「開設希望の署名を10人集めたら、実現する可能性が出てくる」ということで、一生懸命署名を集める生徒たちの姿も

見られた。例えば、「新しい天文学」は一年生が責任者となって16名の署名を集め、実現することができた。当時、生徒向けに集めたアンケートの回収率が71％で、「生徒・教師一体運営」に賛成72・４％、「テーマや形式を生徒・教師の話し合いで決める」に賛成67・４％、自由選択に賛成78・５％という記録が残っている。

３月21日に発表された自由選択科目とその登録人数の一覧を次に掲げる。

２年Ａ群

現代史（太平洋戦争期）43　ドイツ語１１７（３クラス）　フランス語82（２クラス）　ロシア語27　随筆評論（徒然草他）34　音楽合唱25　食物７　工芸21

２年Ｂ群

地誌60（２クラス）　基本的人権18　英語表現演習30　英書講読（アンナ・カレーニナ）41　枕草子24　平家物語31　音楽鑑賞38　被服10　油絵36　天文学45

３年Ａ群

日本現代史（昭和史）６　政治学入門（英語原書講読）17　英書講読（凧他）40　ドイツ語中級11　音楽合唱34　デザイン15

３年Ｂ群

日本近代文学思想史10　世界現代史（国際政治史）32　源氏物語25　英書講読（老人と海）18　音楽鑑賞12　油絵21　電子回路15

受講人数　三年　合計214名（55％）　1科目のみ172名　2科目42名
　　　　　二年　合計374名（98％）　1科目のみ57名　　2科目317名

検討委員長の堂安君の思い出。

「講座制検討委員を募集したら一、二年生の有志10名が立候補してくれ、毎日放課後、三年生の教室に集まって、なんだかんだとアイディアを出しあっては黒板に書き出し、それをどんどん女子の委員が文章にまとめてくれて、アンケートやまとめのプリントを生徒に配布した。努力したことが形になって、すごく自信がついた。この取り組みに参加したことが一つのきっかけになって、私は高校の先生になる道を選んだのだと思う」。

一例をあげると、「政治学入門」は生徒自身が原書の英文を輪読形式で読み、討論するものだったが、これに見られるように、大学の教養課程レベルのものが多かった印象を受ける。

しかし、講座制＝自由選択科目の実現は、現実には決して順風満帆ではなかった。生徒会長だった中林君は、当時を思い出して、こう語る。

「検討委のメンバーは分担しながら、科目（案）のクラス討論に入って行ったが、クラスによってはバリ派グループから『日共＝民青帰れ！』『授業を受けること自体のとらえ返しもできないのに何が改革だ！』『教員の手先』『権力の犬』などと、罵詈雑言を浴びせられた。メンバーたちは彼らの敵対的な攻撃の矢面に立たされ、何度も心を折られ、深く傷つき、悲しみにくれた。それでも、メンバーたちは『多くのアンケートに寄せられた生徒たちの総意』としての『学ぶことへの意欲』に支えられながら、くじけずに、粘り強く真摯な努力を惜しまなかった。本当に献身的に頑張っていたと思います。しかも、よくぞあの短期間で精力的にまとめ上げたものだと、今思い返しても頭が下がります。

講座制＝自由選択科目授業は、検討委のメンバーの心の傷と悲しみ、血と涙の結晶だとも言えると思います。決してすんなり順調に実現したのではなく、大変な『難産』だったというのが本当のところでした。もちろん、教員側の協力的な姿勢も大きなサポートになりました。それにも感謝したいですね」。

2月24日（火）。中林君を中心とする執行部は、『新しき生徒会に向けて』と題する、以下のような冊子〈B250〉を配布した。

…生徒会が権力の一翼を担っているとか、学校管理機構の中に組みこまれているとか、そんな他人事のような評論家的な言葉を吐いて解体を叫ぶのでなく、生徒会を構成している私たちは、この有効な組織を一体どのようにして自分たちのものとして獲得し、問題に対処していくのかということが問題となるのです。こうしたものを自分のものとして獲得しようという努力をせず、解体を推し進めることは、私たちを個々人バラバラに分断していくことになるのです。そしてその後の学校を予想してみれば、荒廃しかないのは必定です。［後略］

２月28日、１９７０年度前期の生徒会長選挙。８００名署名グループから、と心情バリ派支持の傾向とみられるグループから、と二人の立候補者（ともに一年生）が出た。前者が３２２名の得票で当選したが、後者も１６９名の票を獲得している点が注目される（二者の得票数が少ないのは、三年生が登校しない時期だったため）。

３月24日、現会長（中林君）、次期会長連名の印刷物『新入生諸君へ』が発行された。26日に卒業式が行われ、31日に一、二年生は終業式を迎え、嵐のような１９６９年度が幕を閉じたのであった。

講座制（自由選択科目）以外の課題はどうなったろうか。学期制の再検討、具体的には三学期制への移行は、職員会議での審議を経て、新年度から早速実施された。均質クラス、つまり男子クラスをなくすことは、職員会議で認められ、具体的な検討に入っていた。ところが「紛争」の最中に家庭科室を含む建物が火事になり、時間割の編成が新学期に間に合わず延期となった。その後、新しく赴任した教員から反対意見が出たり、生徒たちの中からも「合唱祭で男声合唱が消えるのは惜しい」といった意見もあって、何年もたってから実施された。生徒心得の改正については、１９７０年後期の執行部の代になって、やっと作業が始まった。

また、当時の二年生にとっては「高校三年間で最大の喪失」とも言えるかもしれないことが、この学年末に起こった。それは「修学旅行の中止」である。

１９６９年の春から生徒の修学旅行委員会の検討が始まり、１９７０年の春休み前に、京都・奈良での自主行動を柱に行われる予定だった。2月中旬、生徒たちに、学年会（学年担任団）一同の名で中止が伝えられた。やむを得ない、という受け止めをする者もあったが、中には、その知らせを聞いて顔を真っ赤にして「ふざけんじゃねえよ！」と激怒した生徒もあった。その後、生徒側と教員側で粘り強い話し合いが行われ、5月15日～16日に一泊旅行を実施した（A～F組は八ヶ岳の府中市の山荘、G・H組は浅間山の温泉ホテルで）。この「幻の修学旅行」については、卒業後の23期生の同期会では、毎回どこかでその話題が出ていたものである。

卒業していった22期生は、後輩たちに『みとせ』と題した卒業文集を手作りして配った。そのなかには、第4章で紹介した『静かなる、切なる訴え』を書いた女子生徒からの文章があった。〈B258〉彼女の文章の一部を紹介して、第1部を閉じることにしたい。

…私の頭に思い浮かんだのは、〝話し合い〟ということのもつ、欺瞞性ということなのであった。民主主義の世の中に生まれ育った私たちは、何でも話し合って、多数決で決めるのが最高の方法だと、教えられてきた。もちろん私は、民主主義自体を否定するものでは、決してない。しかし、話し合いの長所を重視するあまり、多くの人が、それを絶対、神聖で、何ものにも優先するものと考え、〝話し合いさえすれば、何とかなる〟とか、自分が真剣にその問題にとりくんでいないことを、〝この問題は大切なので、もっと話し合う必要があると思う〟とか、〝話し合いたいので授業の時間をください〟といったことばをカクレミノにして、ゴマ化したり、さも理解のある顔つきで、話し合いの時間を生徒に与える先生ばかりがもてはやされ、その先生が、話し合いの基礎となる、生徒の知識づくりを怠っている、その怠慢さはどこかに葬り去られている、といったぐあいに、〝話し合い〟ということが、極めて悪用されているように、思えてならないのである。果たして、こんなのが、真の話し合いなのだろうか？

話し合いには、その問題に関する十分な知識と、その人なりの何らかの見解を持って出席して、はじめて、その出席者相互の意見のやりとりの中で、より高い段階への前進があるのではないか？　と私は思うのである。［中略］

私は、大学に入学したら、この、考える基礎となる知識づくりに全力を注ぐつもりである。［中略］社会体制を肯定なり、否定なりすることは、非常に重大な問題である。一、二年の人たちも、ちょっとしたアジ演説に動かされて全校封鎖を叫んだり、授業が始まれば夢中でノートをとるような破廉恥な態度でなく、深い知識と見解にもとづいて、活発な討論をすすめていくよう、まず、地道な知識づくりに真剣にとりくんでいってほしい、と思う。

一人一人が、歴史の流れにどう対処していくかを自分自身で考え、それに基づいて行動するようになってはじめて、真に社会を改革しうる、莫大なエネルギーが生ずるものと、私は確信している。

《第6章　事実経過》12月31日　職員会議、退学などの処分を発表　1月8日〜　処分撤回闘争　この日、職員会議は『今後の教育問題についての中間報告』を配布　12日　生徒会長、講座制検討委員会のメンバー募集→14日発足　堂安君が委員長に　19日・22日　他校生を含む集団が校内へ　21日〜　講座制の実施に向け、生徒側の検討委と教員側の教検委が協議　31日「立高包囲デモ」　２月20日　教員側『自由選択科目の設置にあたって』発表→生徒に新科目設置の動き→21日確定　28日　生徒会長選挙　３月26日　卒業式　31日　一、二年生終業式

第2部

50年前のわたし、50年後のわたしたち

第7章　蒼き時代の「漂流」と50年後の「ノーサイド」

中林　信二

1　心に突き刺さった「自己否定」という棘

高2の秋10月。一番多感な年頃で、個々人の多様な自己形成期として大切な時期に、それは突然に私の目の前に立ち現れた。それは「バリケード封鎖」と「総叛乱」と「自己否定」だった。彼らのその連呼と絶叫は、これまでに経験したことのない衝撃的な狂騒となり私の頭の中に反響した。

彼らは熱病のように叫んだ。…立高は「動物園」であり、「人形の家」なのだと。そこで「優等生」として飼育され「生かされている」我々。周囲の期待と支配権力の要請に応えんとして、薄っぺらなプライドと優越感に酔いながら、能天気な「未来」を目指している我々。そんな我々が安穏と授業を受けること自体が国の教育支配を支え加担することになる。そうした加害者である己にほっかむりすることが欺瞞なのであり、我々はそれを告発するのだ！　だから「動物園」のオリは破壊され、「人形の家」はバリケードに取って代わられなければならないのだ。

彼らは駄々をこねる子供のように叫んだ。…「我々にも答えはない」と言いながらも反対意見には「答えになっていない！」と否定する。「自己否定のあとに何があるかだって？…あとも先もあるものか！止むことのない否定があるのみだ」と禅問答のような繰り返し。「現教育秩序」には「総反乱」しかないのだ。それがバリケードなのだ。「話し合い」でお上に「要求」し「合意」を得ようとすること自体が全くのナンセンスであり、「要求実現運動」そのものが我々の粉砕すべき闘いの対象なのだと宣言した。

彼らは氷のような眼差しで叫んだ。…このバリケードは闘う者だけに「開かれ」ている。バリケードの反対者には「みにくいあひるの子」「人間の名にも値しない」と言い放ち、「我々は君たちとも斗わねばならない。」と「闘いの開始」を宣言した。彼らは圧倒的な「上から目線」で私たちを見下し愚弄した。彼等以外は「闘うべき敵」であると宣告した瞬間であった。バリケード、それは彼らに同調しない限り「開かれる」ことのない「断絶」であり「結界」となったのだ。


私は、彼らの「荒唐無稽な永続的な総叛乱」「『闘う者』以外を排除する傲慢な選民思想」「自らのイデオロギー的な党派的憎悪による執拗な『日共＝民青』のレッテル張り」等を唾棄すべき「思想」と気づき、早い時期に簡単に退けることができた。しかし、その時まだ耳慣れない「自己否定」という言葉だけが私の心に棘となって刺さり込んだ。ちょうど私自身が、親・大人・先生・お上・世の中の嘘や弱さや闇が見え始め、不信や反発を抱き始めた年頃であり、大人の価値観や社会の歪みや時代の閉塞性を目の当たりにしながら、反発半分、見て見ぬふり半分、そして逃避や妥協、先送りに逃げる…そんな自分の「狡さ」や「無力さ」に対して苛立ちと自己嫌悪を感じ始めていた頃、そんな時に耳に飛び込んできた「自己否定」の絶叫に眩暈《めまい》を覚えた。「いい子ぶってんじゃねぇよ」「周囲の期待に応える偽善はやめなよ」…「自己否定」がそうした意味に「変換」されてインプットされて肥大化していった。「自己否定」という扱いきれない危険な刃《やいば》を不用意に己に向けてしまった。それが落とし穴だった。「自己否定」という衝撃波が、未だ体幹の整わない覚束ない私の人格に覆いかぶさってきた。幼く蒼い私の魂を鷲掴みにし、危なげな閃光を放ち始めた私の「鋭利な感性」と激しく共振したのだ。

「みにくいあひるの子」「人間の名にも値しないような諸君」とされた私が、その傲慢さに反発と怒りを覚え「思想的克服」を果たしながらも、一方では、そう言われれば…と自身の「偽善」や「みにくさ」に向き合っていない「己の甘さや弱さ」に気づいてしまった。「バリ派」の多用した「自己否定」という言葉が発信者である彼らの手元を離れ、独り歩きして私の中で「いかに生きるのか」の問いに変異して増殖を始めた。私は体内化した「自己否定」に捕らわれ、己の心の内面とキリキリと向き合う「心理状態」に陥っていった。彼らの妄言は許せないが、彼等だって無茶な行動だとは十分分かっているはず。それなのに大きなリスクを負いながら、「自己否定」を叫ぶ彼等の痛々しい姿に「受難の徒」を見たようだった。そして啄木の『呼子と口笛』の「われは知る、テロリストのかなしき心を」「われとわがからだを敵になげつくる心を」に繋がる悲壮感にシンパシーを抱いてしまったのかもしれない。そんな心境からか、私は

「バリケード実力解除」の動きに対してはそれを阻止しようとピケットを張ったし、バリ派の「野外集会」（新宿御苑）にも参加した。バリ派に反対した「無条件授業再開」の提案には、「そうだよな」「もっともだよな」と頭では思いながらも、そのあまりにも「当たり前」でシンプルな「提案」に「違和感」を持ち、腑に落ちない自分がいた。「無条件授業再開」は同年代のバリ派の「痛々しい心」「悲しい心」までなかったことのように押し流しはしないか？「行水の水とともに赤ん坊を流す」ことにならないだろうか？　と。

「心情バリ派」のビラにも私と似た意見を持つ者もいた。「あのバリケードは我々にとって自身を告発したと同時に、自身の新たなる生活をきりひらいてゆくか、さもなければ過去の生活に再び埋没してしまうか、といった緊張関係を創り出していた」（10／30ビラタイトル『白々しい自分の影をふみしめて』旧一般生徒　現在自己変革同盟　Mさん）、「彼らのつきつけた問題、彼らの気持ちを理解しようと努めなければならないのです」（10／30ビラタイトル『我々にとってバリケードとは何なのか』いわゆるバリスト派の一人として　Kさん）。

※１９６９・10／26のバリ派の「野外集会」（新宿御苑）では失望もあった。あれだけ校内では、自己否定して闘う、自主管理だ、教育体制打破だ、と言っているのに、野外集会ではそのことについて具体的で真剣な話し合いはまるでなく、「日共＝民青」粉砕とか「都高教」（日教組の加盟組合、東京都高等学校教職員組合）打倒とかが声高に叫ばれていて、彼らの本当の原動力は彼ら自身のこの「党派的な憎悪」「イデオロギー的な敵対心」なのではないかと感じ、大きな違和感を持ち、失望したのを覚えている。

２　不条理劇「怨みをこめてふりかえれ」としての「立高紛争」

今思えば「バリケード封鎖」、それは「政治」でも「闘争」でもなく、「バリ派」のリーダー「えふ」の「プロデュース」「脚本」「演出」「主演」による非合法的な不条理劇だったのではなかったかと思う。当時はイヨネスコやベケット等の演劇がインパクトある一つの大きな潮流としてあった。その「不条理劇」である。唐十郎が新宿花園神社の境内で「状況演劇」を敢行したように、その「不条理劇」は立高敷地内での興行だったのだ。中庭の泰山木や焼失した弘心館講堂等が舞台セットとなり、教室の机や椅子はバリケードの大道具となり、横田・立川基地を離着陸する米軍機の爆音やテニス部のラケットがボールを弾く音は音響効果として不条理劇を彩った。真っ暗な狭い教室で私が立ち見した『由比正雪』はさながら劇中劇であり、若き日の李礼仙（のちに李麗仙）はそのゲストだったのだ。そして、立高生全員が、教職員全員が否が応でも何らかの「演技者」としての登場を余儀なくされた「群像劇」だったのだ。舞台の上には主役たちとその敵役、裏方たち、多くのエキストラたち、ヤジを飛ばした観客たち、拍手喝采した観客たち、切なくて息苦しくて号泣した観客たち、頻りに演劇評論を論じた批評家たち、そしてただ劇場の前を素通りした者たち…。不条理劇にとって「非日常性」の違和感こそ「売り」なのであろうが、もう一つ衝撃的な「違和感」は不条理劇を仕掛けた側の演者が「役者」ではなく昨日まで「日常を共有してきた学友」だったからだ。

予告通り10／21に初演を迎えた「不条理群像劇」。それは始まるやそれぞれの同時進行の「幕」や「場」

で複層的な展開を見せ、数々のドラマを生むことになる。仕掛けた側も、リーダー「えふ」も予測不能な、制御不能な展開をしながら…。ごく当たり前の日常性を否定し観客を驚かせ、禅問答のようなセリフで観客を惑わし、非論理的な言葉の応酬で観客を揺さぶり、突飛な物語の展開で観客を翻弄する。この「難解さ」こそが不条理劇の肝であり、観客のざわつきと動揺の熱量がその演劇のパフォーマンスを決定づけるというのであれば、その限りでは、プロデュース・脚本・演出・主演の表現者＝リーダー「えふ」としては「大成功」だったのではないのだろうか？　バリケードという「解放区」は消滅し、授業という日常性が回復し、そして不条理劇のリーダー「えふ」は劇場を去った。しかし、リーダー「えふ」は「敗北」とか「挫折」とはつゆ程も思っていないのではないか。むしろ、「してやったり」の快感と一種の満足感すら味わっていたのではないだろうか？　その後の「えふ」の才能ある表現者としての活躍に繋がる「デビュー作品」だったのでないかとも思えてくるのだ。

不条理劇には「私たちが理屈を立ててどう行動してもどうあがいても世界は変わらない」という一種のペシミズムがその基底にあるように思う。我々に関係なく無慈悲に進行する外界に対しては日常の知性や言語は無力である、その敗北を自虐的に再確認することなしに「不条理劇」は成立しないのではないか。民主主義や社会運動を武器にした抵抗や進歩への信頼を「能天気な楽観主義・知性主義」として退け、性善説に基づく人間の連帯や協同に対しては「内なる闇に蓋をする偽善」として退ける。不条理劇のタイトル『怨みをこめてふりかえれ』の「怨み」とは、一つは「この世の不条理」ともう一つは「能天気で偽善的な知性と連帯」への「怨み」であり「異議申し立て」だったのだ。だから当然に「具体的要求を掲げた闘争」にはなりえなかったのだと思う。そして、「この世の不条理」への「怨み」は〝革命的言辞〟を巧みに使いつつもそれはどこまでも「抽象的」であったが、一方の「能天気な日常＝人間の名にも値しない諸君＝みにくいあひるの子」に対する「怨み」は激しい憎悪に満ち溢れ容赦のないものだった。まるで近親憎悪とも言うべき激しさがあったのだ。

さらに「怨み」の対象は「平板な不条理」に対してではなく「二重構造としての不条理」に対してだった。不条理のその中でさらにおとしめられている「女」という存在への「怨み」である。「帝国主義的支配勢力」の「臣民」となることへの「怨み」、さらにその「愛人」としての子を「孕む女」への怨みである。男たちも「臣民」として支配に屈しながら、一方で「女」をおとしめる、男の二重性。権力の被支配者としての「男」と「女」に対する支配者としての「男」。この告発こそ『怨みをこめてふりかえれ』なのであったと思う。理不尽な差別と男尊女卑が根強くはびこっていた1960年代。いまだジェンダー問題やダイバシティーという概念やましてや「#MeToo」という告発もなかった時代。「女は女らしく帝国主義の嬰児を産み落としていればよい」（10／21『全学総決起への第二宣言』）とする体制への怨みと異議申し立てを、怒りの象徴としての「シャロン・テート事件」になぞらえて「強姦スト」と名付け「反撃」を宣言した。「異議申し立て」や「反撃」のためなら「強姦」という被害者の魂を殺すほどの言葉を使ってまでもバリケードストライキを宣言したのだ。自ら、「健全な精神」には「病者」として、「神」には「悪魔」として、「社会」には「犯罪者」として立ち位置を定め、絶えることのない破壊を宣言したのだ（10／20『怨みをこめてふりかえれ　10・21反戦反安保教育秩序強姦スト決行宣言』より）。

３　危なっかしい私を支えたもの

「バリケードの思想的克服」と「自己否定に惹かれた心理的動揺」という「精神的二重構造」状態が続く1969年秋以降の私。そんなゆらゆらした危なっかしい私をかろうじて支えた「つっかえ棒」が「３本」あった。それは①バリ派に反対する「静かなる切なる訴え」等一連のビラ、②短期間に集められた「800名署名」、そして③「講座制選択授業の実現」だった。

①「静かなる切なる訴え」等バリケードや授業粉砕に反対する人たちの一連のビラ

10／24　すべての立高生は他力本願ではなく…（坂）
10／25　バリストに反対し真の問題解決を（定時制有志）
10／30　一般生徒の立場から訴える（中田）
11／10　ペンの暴力許すまじ（近藤）
11／24　静かなる切なる訴えⅠ～Ⅲ（35名連名・戸村・橋上）

こうした一連のビラは「自分たちの感性を絶対視し、他の感性は決して認めようとはしません」「ファッショ的な感性押し付け」「一般生徒の教育体制に関する疑問と、問題意識を巧みに利用」等々と本質的な批判がされていた。こうした真っ当な意見に触れたことが、「バリ派」からの「思想的な克服」の大きな助けになったように思う。

②11／18～24「授業再開等８００名署名」の壮大なうねり…声なき声・ビラ未満の気持ちの噴出

ビラは語るというが、ビラを出さなかった人たちもたくさんいる。むしろそれが大多数であったはずだ。その「声なき声」「ビラ未満の気持ち」が大きな奔流となって結実したのが、ロックアウト中にとりくまれた「８００名署名」であったと思う。「ロックアウト解除」「授業再開」と、「やっと自分の意思表示ができる」と感じた８００名超の生徒の意思が、短期間に「１９６９年立高紛争の中の群像」の大きなエネルギーとなって噴出したのだ。この８００名署名の総意を背景に、私は「生徒会再建」の会長候補として立候補し、２度の投票妨害を経ながらも、多くの共感者のスクラムに守られながら「信任」され「会長」という立場になった。実力行使による執拗な投票妨害の中で、たった1時間という短かい投票時間で、三年生の登校もほとんどなかった状態で「３３１名」からの信任は「自分たちの総意を反映できる生徒会再建」への大きな期待が反映したものだったと思う。

会長候補の立候補に至るまでには紆余曲折の経過があった。私としては「バリ派」からの「思想的克服」を後戻りさせない、自身へのケジメとして決意できたのだと思うが、それはそれで嘘ではないが少し格好つけ過ぎという気もする。実際には会長立候補に尻込みして大いに動揺していた時に、1年先輩の鮫島さんから「君たちの代から会長が出せないなら、俺がもう一年留年して卒業や大学進学を断念して会長選挙に出るしかないと言うことなんだな！」…と髭面の大きながたいで、眼光鋭く、語気荒く、鬼気迫る面持で、机を大きな拳で叩きながら迫られ、「蛇に睨まれた蛙」のように観念してしまったような「情けない決断」であったように思う。でもその時、確かに「自分たちの代の責任」なんだ…ということは心底わかったように思えた。

③講座制授業の「３つの原則」…「生徒会の総意形成」「学習権の尊重」「教職員との協同」

１／12　講座制検討委員会設立のよびかけ
２／12　講座制検討報告
２／20　自由選択科目設置を表明
２／23　自由選択科目協議会設置のよびかけ

科目希望としては、平家物語・源氏物語・近代短歌・孔子や老子・ユークリッド幾何学・中国語・ロシア語・ドイツ語・英語「老人と海」（ヘミングウェイ）・マックスウェーバー社会学・基本的人権の諸問題・太平洋戦争（家永三郎）・平和運動の歴史・日本国憲法・彫塑・デザイン…授業形式では輪読形式・調査や討論・男女合同の家庭科…生徒たちから上がった授業への要望は実に多彩。受験に埋没した「みにくいあひるの子」ではなく、「学び」への欲求が溢れる要望となってたくさん寄せられた。アンケート調査（回収率71％）でも「現在の授業を少しでも改善するために、自由に選択できる科目をおくのに賛成」が61・

3％（現状のカリキュラムのままでよい　13・1％）という結果。また基本原則については「教師と生徒が一体となって運営する　72・4％」（反対　9・3％）、「テーマや形式は生徒と教師の話し合いによる67・4％」（反対　10・3％）、「自由選択とする　78・5％」（反対　3・6％）という声が寄せられた。「生徒会再建」を通じた生徒の総意を土台にして、講座制検討委員会のメンバーの献身的な大奮闘によって、「学びの欲求＝学習権の尊重」の具体化が「教職員との協議」を運営方針とした「自由選択科目の授業」という形でここに誕生した。「バリ派」が最も嫌悪し目の敵にした「生徒会」「学習権」「教職員」の三つがここに「揃い踏み」したのだ。

しかし、「講座制＝自由選択科目授業」の誕生と簡単に記したが、その実現は決して「順風満帆」ではなかった。生徒会執行部や講座制検討委員会のメンバーが分担して入った連日のクラス討論では、「バリ派」からの「日共＝民青帰れ！」「授業改革粉砕」「教師の手先」等々、あらん限りの罵声を浴びせられた場面も少なくなかった。もうとっくにバリケードが解除され、授業が再開された今、講座制検討委員会のメンバーが「バリ派」の「口撃」の恰好の標的となっていた。メンバーは傷つき、心折れ、涙し苦しんだ。しかし、メンバーは自分たちの背後の「生徒の総意としての講座制への支持と期待」という確かな手応えだけを頼りに実に粘り強い真摯な努力を続けた。連日献身的な頑張りを続け、驚くほどの短期間で仕上げていった。「講座制＝自由選択科目授業」は検討委員会メンバーのこうした心の傷と悲しみの「血と涙の結晶」だった。決してすんなり「順調に実現」したのではなく、そのプロセスを見るとドロドロとした痛みに耐えながらの大変な「難産」だったとも言えるのだ。

４　蒼き時代の漂流のはじまり

二月末の「次期生徒会長選挙」で私は一年生の新会長にバトンタッチした。新年度からは「講座制＝自由選択科目授業」が始められた。あのバリケードからおよそ半年、私の中では確かに「一区切り感」はあったが、それは決して晴れやかな達成感などではなかった。「成し得たこと」より「成し得なかったこと」の多さ、「失ったもの」の大きさに愕然とした。ＨＲ討論の中で味わった「人間不信と無力感」が澱《おり》のように私の心の海溝に沈殿していった。昨日までの「友」がある日突然「敵」となり、あらんかぎりの罵倒と憎悪の言葉を投げつけてくる。ノーガードで打ち込まれたサンドバック状態のようなＨＲが連日続き、正直、悲しみと苦しさで疲れ果て、時には投げ出したくもなり、極度な人間不信に陥った。その都度、生徒会執行部や講座制検討委員会のメンバーの誠実さや真摯な姿勢に癒され励まされもしたが、人間不信の重症化で周りが見えなくなり、そんな仲間をも見失っていったようだった。「こんな良い人たち」を「裏切る」自分自身の「弱さ」や「不誠実さ」を責め、いっそう自己嫌悪になっていった。「人間不信」と「自己嫌悪」を抱えながら「いかに生きるか」という重すぎる問いかけに向き合うことは過酷だった。仲間を見失った私の思考は自身の内面へ向かい、内省化し、哲学化し、時には宗教的にもなっていった。心の迷走と漂流がそのころから始まった。当然、授業も受験勉強もまったく手につかず、この時点で「受験戦争」

から完全に「脱落」した。それでも表向きは生来の剽軽《ひょうきん》さを前面に押し出し、「ピエロ」を演じ「ピエロ」に徹していた。それが私にとって一番「楽」で心を悟られない「生きる方便」だった。ある時は、自分の剽軽さを呪ったこともあったが、この時はたとえそれが仮面であっても剽軽さに救われた形となった。

そんな漂流期に「友人の自死」があった。私は到底受け止められなかった。私はさらにどん底に突き落とされた。自死はその直前にあったその友の親友の自死が引き金となったと言われているが、自死の理由は決して単純ではなかったと思う。私たちとともに講座制検討委員会のメンバーとしてHR討論に出ていた友人は、自身に向けられた「帰れ！　帰れ！」の連呼の中で生徒の間に拡がる「憎悪と敵対と断絶」を目の当たりにした。友人は廊下に飛び出し、「つらい、悲しい、話が、言葉が通じない！」と泣き崩れた。一部生徒の口汚く罵る姿、分かってもらえない苦しみ、説得できない無力さに深く傷付いた。昼休みや下校時には、その悲しみや虚しさは臨界点に達しそうだと力なく呟いていた。また、友人にも「自己否定」という言葉が重くのしかかっていたようで、「自己否定って重すぎる言葉だね」「自己否定できるものならしてみたい」「あそこまで自分を追い詰められるなんてすごいね」「私は自分の抱えている悩みにしっかり立ち向かえていないし…」と自分の弱さを嘆いていた。そんな気持ちを引きずりながらも「生徒会活動」や「講座制検討委員会」の活動を通じて、地に足をつけた落ち着きを少しずつでも取り戻しつつあったと思う。70年の初夏には「心が少しずつ落ち着いて楽になってきた。」と話をしてくれていた。…そんな夏の終り頃、友人の友の自死が起きてしまった。友人は「自分だけ落ち着き救われ、気づいてあげられなかった」ことへの罪悪感を口にし、「後追い」のような形を取ってしまった。友人からの返事は永遠に返ってはこない。私は打ちのめされ、取り残され、混乱した。私自身がグラグラして揺れているからいけなかったんだ…私こそ友人の衝撃と動揺を分かってあげられなかったんだ…そんな風に、私は友人の本当の心を知るべくもなく、勝手に「分かったような」受け止めをするしかなかった。

私の中に再び「自己否定」の亡霊が現れた。「自死した者」の「潔さ」とやっぱり生きている残った者の「無様《ぶざま》さ」という構図の中で自分の存在を呪った。「生」に執着しない「潔さ」にしてやられたという口惜しさ…そんな観念的な呪縛《じゅばく》に苛《さいな》まれることになった。自己否定して「生」を断ち切ったのか？「自己否定」できない「生」を許せなかったのか？詮無《せんな》い堂々巡りの迷い道に紛れ込んでいった。作家・高橋和巳に傾倒したのはその頃。『孤立と憂愁の中で』『わが解体』『生涯にわたる阿修羅として』等を読みふけり、答えを求めて、高橋和巳にぶつけた。しかし、高橋和巳は1971年私の「一浪時代」に他界した。また「答え」が一つ消え、救いがなくなった…これもまた大きな喪失感となった。こうして、1969年の「10／21」から「3浪生活」を含む5年間余りの「漂流状態」がやってきた。当然、予備校でも「受験勉強」が手につかず、「なぜ受験」「なぜ生きる」を自問し、もがき続けた。「色を失った季節」だった。体温のない時間、鼓動の聞こえない時間、感触のない時間が長く続いた。萩原朔太郎を耽読し、『さびしい人格』や『群衆の中を求めて歩く』や『絶望の逃走』等を暗誦しながら自分の居場所を探し歩いた。きっと目は虚ろだったに違いない。

思えば、「バリ派」との「抗争」の中では「理論武装」は自己防衛として必須だった。哲学、社会、歴史、人間、芸術…貪るように乱読した。受験勉強はとうに諦め、捨てていた。お金もないので古本屋に入り浸って立ち読みした。自己防衛のための緊急避難として、俄か読書で「知ったかぶり」と「分かったつもり」で「理論武装」して「バリ派」と向き合った。随分と背伸びをしていたと思う。頭でっかちになり、サルトルだ、マルクスだと「知の権威」に憧れ、溺れ、どこまで自分の頭で考え理解していたか？　生活基盤を未だ持たずに、社会のリアルにも遭遇するずっと以前の17歳の私は「バリ派」とまた違った意味で妄想と観念だけで論を弄んだような日々を送っていたと思う。振り返れば恥ずかしすぎることばかりだ。いったい何を悩み、何を議論し、何を求めていたのか…。しかし、それが紛れもない私だった。嘘は言いたくない。何故、もっと素直に謙虚に振る舞えなかったのだろうか？…。しかし、それがあの時生きるための緊急避難としてギリギリ精いっぱいの私だったのだ。

大袈裟かもしれないし笑われるかもしれないが、あれから50年の歳月私は私なりに「１９６９立高紛争」を引きずってきたように思う。「世の不条理への異議申し立て」の私なりの形を模索し「バリ派」に対置することができなければ「バリ派」に対する単なる「批判のための批判」になるのではないか？　現状の自分を絶えざる自己否定によって「自己変革」できない限り「バリ派」を批判する資格がないと思い詰めてきた。それが「バリ派」へのせめてもの仁義だと思って生きてきた。そして、ともに答えを探して必死にもがいた「自死した友」へは「生き残った者の無様さ」を曝《さら》しながらもあえて「生きる」選択をしたことを報告しなければならないと思って生きてきた。

それには、社会のリアル＝現場・現実・現物から目を背けない「勇気」と「不条理」の中で痛みや苦しみや悲しみに共感し共振できる「感性」とその不条理の本質を抉《えぐ》る鋭い「知性」が必要だったと思う。だから、知識や経験からの「学び」がとても大切だと思う。まさに後述の秋月さんが紹介している相田みつをの「一生勉強　一生青春」である。また、自立した個人として「和して同ぜず」の緊張感を保ち、自身と自陣営の「不条理」にも眼をそらさぬ「誠実な内省」を忘れず、「多様性の協同」を人間の叡智として掲げて闘う以外にないのではないか…それが私なりの答えになったと思う。

偉そうにそんなことができたのかい、そういう自分になれたのかい…と問われればぐうの音も出ない。たいした生き方だったわけでもないし、たいした人間になったわけでもない。しかし、たとえそうできなくても、お題目としては立派なこの構えをできる限り自覚的に持とうと心がけてきたつもりだ。…でも「つもり」で終わっているのかもしれない。これが、そうとしか生きられなかった私の正直な等身大の姿なのだ。50年前のあの蒼き時代には「答えを持ちえない者の愚かさ」を「バリ派」に嘲笑われたが、今ならば、これが私の答えだ。「つもり」で頑張っただけのお粗末な「答え」かもしれないが、どうしようにも格好つけようがないのだ。こんな「答え」だけれども、「バリ派」はまだ私を責めるだろうか？「自死した友」は私とちゃんと目を合わせてくれるだろうか？

５　50年の歳月「社会のリアル」と「人との出会い」

「生きる屍」の如く「生きた」あの漂流から「50年の歳月」。よくぞ「生きてこれた」と思う。思い返せば、それは私が「社会のリアルとの関わり」と「多くの人との出会い」の中で「仲間っていいな。人間っていいな。」と思えるようになったからだと思う。それらがその時その時の「もうちょっと生きてみよう」の気持ちを支え、「もうちょっと」の「断続的な連続」の積み重ねで生きてきてこられたのだと思う。そして「社会のリアル」「人との出会い」の中で、温かで優しくて切なくて愚かな人間を「人間だもの」と「丸ごと」肯定できるようになり、煩悩と誠実の狭間を生きる「分別」も少しは身に付けてきたのかもしれない。ありがたい「年の功」だと思う。

今の若者からすれば「バリケード」？……どこの国のこと？「総叛乱」？……誰が何に何すること？「自己否定」？……それって何？　とか言われそうである。非正規雇用の拡大と弱者の切り捨てが進行し、貧困と格差が拡大し、悪名高い「自己責任論」の横行する今日。日々「他者からのダメ出し」や「他者からの否定」にさらされる若者たち。いじめや虐待による「人間不信と孤立化」、権威への忖度や強まる社会の同調圧力で「身を潜め、自分をなくす」日々…「人間の尊厳」が傷つけられ、「自己肯定感」を持てない若者たち。今日の若者の歌には「ありままの自分でいたい」「そんなあなたが丸ごと好きだ」という「自己承認」「自己肯定」を躊躇《ためら》わない若者の情念が溢れ出ている。今、「自己否定を強いられた」若者たちの「生きさせろ！」「ありのままの自分でいたい！」という叫び声が熱く聞こえてくる気がする。50年前のあの時代、「自己否定」は体制によって「生かされる」ことへの拒否宣言として「自己の尊厳」の復権を希求したが、それは同時に根無し草のように生活のリアルに根差すことのない観念的な「優等生」故の「エリート意識」故の贅沢な自己宣言であったのかもしれない。一方、今日は貧困と格差の拡大の中で、若者たちは追い詰められ「自己の尊厳」をかけて「生きさせろ！」というギリギリの叫びをあげ、もがきながら「自己承認・自己肯定」の術《すべ》を探っているのだ。50年の歳月の流れは大きい。「自己の尊厳」を基軸に五〇年前の「自己否定」と五〇年後の「自己肯定」とがまるでネガとポジの反転模様のように見えるのだから…。

民主主義は人類が勝ち得た大きな財産ではあるが、人間の創造物であるがゆえに不断の努力によって「進歩・前進」もすれば、その努力を惜しめば「劣化・腐敗」もする。民主主義が「劣化・腐敗」によって形骸化した時、人々が「無関心と沈黙」に陥った時にファシズムが生まれる。最近の新聞に「他者からの否定」「人間不信や孤立化」が引き金になって「自己否定」感を強め、若者の「自死」が増えているという悲しい記事があった。尊厳を奪われた者たち、弱き者たち、沈黙する者たちの「自己否定」は「強き者たちの思う壺」なのだ。今こそ「自己肯定」し、人間の尊厳を守る魂の叫びで、今この「時代の閉塞」を打ち破る初めの一歩としたいものだ。「自分らしく生きさせろ！」の叫びを、尊厳の多様性に基づく「協同のネットワーク」の形成につなげていけないだろうか？　そして、かつての「バリ派」のように「同調者以外は敵」とするのではなく、「敵以外はみな仲間」という「協同と連帯」こそ「人間の尊厳と多様性を尊重した」今日の時代にふさわしい協同のムーブメントの大きな土台となるのかもしれない。

6　50年後の「ノーサイド」

小著全体としても50年も前の「バリ派」批判が主眼ではない。ただ、彼らを「英雄視」した「回想録」が散見されるので、「1969年　あの時の立高生の青春群像」をトータルとして浮かび上がらせようとしたつもりだ。バリケード封鎖をした彼らだけにスポットを当てて、「時代の寵児」「時代閉塞打破の起爆剤」「体を張った問題提起者」…と、そんなヒーローに持ち上げ、彼らに与みしなかった生徒たちを「ヒール役」「妨害者」に仕立て上げる描き方も少なくない。インパクトがあって見えやすいものだけを追いかけるからそんな「安易で薄っぺらなドキュメント」なってしまうのだ。「立高紛争」をノスタルジックな「武勇伝」にしてはならない。その時、そこに「生き」、そこで「悩み」、そこで「もがき苦しんだ」無数の「立高生の群像」を見落としてはならないのだ。

バリケード封鎖をした人たち、それに共感しのめり込んだ人たち、はじめから乗り越えた人たち、関わりを避けた人たち、挫折感のある人たち、引きずった人たち、克服した人たち、客観視できた人たち、忘れようとしている人たち、記録として掘り起こそうとしている人たち、その全てが「立高生の群像」だと思う。あの時の自分を正当化したい人たち、後悔している人たち、懐かしく思う人たち、恥ずかしく思う人たち、それも全て「立高生の群像」だろう。どれも正解で間違いではないのだと思う。ビラを出した人たち、ビラを出さなかった人たち、表だった行動はしなくてもいっぱい考え感じた人、引きこもった人たち、雄弁だった人、静かなる切なる声を絞り出した人たち、そんな全ての群像を「同時代の人間」として確認しておきたいと思うのだ。私はこれまで立高時代の記憶を「もうちょっと生きてみる」ための自己防衛として封印してきた。今回この文章を書くに当たっては、その「記憶の欠落」をジグソーパズルを埋めるように紡《つむ》いだつもりだ。「バリ派」も含めて、同じ時代の青春をそれぞれに懸命に生きた者同士の懐かしさもあり、チクリとした痛みもあり、恥ずかしさもあり、というのが私の本音だ。「同窓の語らい」などと言ったら笑われるのであろうか？　まったくの夢想だと言われるのであろうか？

そんな「ノーサイドの精神」が今の私の偽らざる気持ちである。

第8章　女子生徒の見た「紛争」
――50年前の「自由と規律」

立川　高子

1　立高「紛争」のこと

いわゆる「立高紛争」、当時のことは詳しく覚えていない。50年も前のことだから当然だが、あの事件は、当時の立高生、特に三年生にとっては忘れられない、けれどあまり思い出したくない事件だったからかもしれない。

私は、立高とそれを取り巻くもの、駅から学校までに通る昭和の町並みや電車の窓から見える風景、校内の木々や部室や食堂として使われている昔の建物といったものが大好きだった。特に秋の終わりのころ、立高祭を終えて校内が普通の生活に戻り、木々が紅葉し、おだやかな小春日和の日々も少しずつ空気が冷たさを増して冬に向かっていく…そんな昔のまっとうな秋は、今思い出してもたまらなく懐かしい。しかしあのバリケードは、私たちの最後の秋を、平和で充実した学びのときから混乱と分断のときへ変え、校内もみんなの気持ちもバラバラのまま私たちは卒業し、紛争は長いこと私の中で封印されていた。

そんな紛争の体験の記録をまとめようとする動きがある、と聞いて最初は、「何で今さら?」という気持ちだった。それでも当時の資料を大切に保存している人が何人もいる、というのは、事件が思った以上に重大であるということなのかもしれない。当時は今ほど便利ではなかったので、それぞれが障子に開けた小さな穴から事件を見るような感じで、紛争の全体像をはっきりつかむことは困難だった。今改めていろんな資料を整理し、意見を交わすことで、事件の真相に近づくことができるかもしれない。また、50年たった今だからこそわかる、事件がもたらした影響や教訓といったものもあるだろう。私は、とりあえず、自分にとってのあの事件を見直してみることにした。

①静かなる切なる訴え

「静かなる…」の筆者は私、ということになっている。当時の思いをつたない文章でつづったことは覚えているが、こんな反響を生むとは、思いもよらなかったので、びっくりした。

「学校に行って勉強する」という当たり前の日常が、ある日突然出現したバリケードによって奪われる、そのショックに最初はただ途方にくれるばかりだった。

バリストを受けてクラス討論も行われた。バリ派の主張は、何度聞いてもよくわからなかったが、今ある私たちの存在は、現体制によって生かされているものでしかなく、この体制を打破し尽くして自らを解放し、真の自由を獲得すべき、といったものだったと思う。これに対して他の生徒達は、ふだんの学校生活、特に授業に関する不満を出し合ってその改善策を考える(その一つが自主講座)といったことを試みたが、バリ派は、バリケードに加わる人以外はすべて体制派であって、徹底的に打倒すべきという考えなので、議論がかみ合うはずもなかった。討論は一度始まると決して歩み寄ることなく延々と続いて皆心身ともに疲れ果ててしまい、登校する人もだんだん減っていった。

それでも私は毎日学校へ行った。SNSなどない時代、家にいても状況がさっぱりわからず不安だったからだ。入試まで半年足らずなのに授業はあれっきりストップ、絶望的な気分になった。そんな中、やはり毎日登校していたクラスの何人かの女子とは、いろいろ話し合ったり、共に勉強したりできるようになった。当時、女子の大学進学率は低く、大卒後の就職も結婚までの社会勉強や花嫁修業くらいにしか考えられていなかった。勉強ばっかりしていると嫁の貰い手がなくなるとか、現役ならまだしも浪人してまで行く必要はないという考えも根強い中で、皆何としても現役合格を、と必死だった。その中の一人とは家に帰ってからも深夜電話をかけあって励まし合った。努力が報われて仲間全員が、第一志望に合格できたのは、まさに奇跡、神様の御恵みとしか思えない。

こんな風に受験勉強と話し合いやビラ配りの二刀流ですごすうちにバリ派の矛盾点（＝真の自由と解放と言いつつも、他人の自由を侵害している。討論と言いつつ、反対意見を認めない）も見えてきて、バリ派に校内占拠する自由があるなら私たちにも授業を受ける権利、不毛な討論を拒否する自由があるはずだ、ということに思い至った。

そんな中であの「静かなる…」は生まれた。高尚なイデオロギーなどなく、ただ普通の日常を取り戻したい、という思いが皆の共感を呼んだのだろうか。10月末のバリケード封鎖から「静かなる…」まで約一ヵ月かかった。それは、バリ派を理解するのに要した時間ということだが、一般の生徒の中にも心情的にバリ派に共感する思いがあったり、バリ派を支持する教師がいたりしたことも一因かもしれない。

②立高での自由について

入学してまず先輩に言われたのは、「立高は自由だから」だった。その実態は、無秩序なやりたい放題。遅刻、早弁等々は当たり前、授業中に弁当を食べる、部室にこもる等々何でもあり、大勢の生徒が無断早退してしまって空席が目立つ授業もあった。これは先生も同様で、ブランクと称する休講はよくあったし、教科書や参考書のどこにも出てない内容でほとんどの生徒が理解できず、平均点が30点以下、０点続出の「数学」や、一年間ほとんど授業の実態がなく、試験問題は「カエルにおへそがないのはなぜか、説明せよ」という一問だけ、生徒評価も放棄して全員に「４」を与えた「生物」もあった。

生徒がやるはずの教室の清掃も、指導も監督もなく、教室内は常に乱雑でゴミがあふれ、一足制で外靴のまま歩き回るので、床は常に汚かった。生物で解剖したネズミの死骸を窓ガラスに貼り付けて女性の先生をぎょっとさせたこともあった。

私には当初この「自由」がとても新鮮で楽しいものに思えた。そんな立高では、まじめでコツコツ努力する人より、ハチャメチャな人の方が重用された。社会のルールに従うより、それを疑ったり、再検討したり、否定したりする方がカッコよかった。きちんと授業をやる先生より、休講にしたり、全員に４をくれる先生の方が好まれた。

バリストはある日突然起こったように見えたが、そうだろうか？　当時の社会の影響はもちろんあったものの、自由の名のもとに生徒と先生のやりたい放題の日々が導火線のようになってついに爆発したようにも思える。私は、教員生活を16年間やってみて、授業の大切さを痛感した。生徒に伝えたいことは山ほどあって1時間たりとも無駄にしたくなかった。もし毎日の学校生活すなわち授業や清掃、時間を守ること、部活等々をもっときちんとやっていたら、あんなに簡単に授業を手放せただろうか？　50年たった今、ふとそう思う。

③先生たちについて

立高の自由を重んずる校風や、教師を当てにせず自分で学ぶ自学自習の精神は大正デモクラシーのころからの伝統だと聞いたことがある。でもそれだけだろうか？

紛争当時の先生たちは多かれ少なかれ戦争の影響を受けていたと思う。戦火に追われてまともに授業や教育実習などできなかったのかもしれない。ユニークな授業の裏にはそんな事情もあったのだろうか。また、やりたい放題を許してしまったのは、上の言うことには絶対服従で逆らえなかった時代が敗戦によって一変し、民主主義の世の中になったものの、自分で考えることに慣れてなくてどうしていいかわからず、「自由」を前面に出されると無抵抗に受け入れてしまったからではないだろうか。50年たってあのころより戦争当時の状況を詳しく知った今、そんな風にも考えている。

④紛争と立高生活の影響

バリストから約半年後私は大学に入り、紛争とのかかわりはそれでひとまず終わったことになった。それでも立高での３年間の影響はその後の私の人生にいろいろな形で現れた。

第一は基礎学力。大学は、家政学部というソフトな名称に似合わず、一般教養や体育を除いた専門科目のほとんどは生物、化学、物理、数学だった。運よく合格できたもののこれらに関する基礎学力は不足していて、授業についていくのが大変だった。高三後半は、紛争と受験勉強で頭がいっぱいで、大学生活を想像する余裕もなかった。

二番目は、生活習慣。遅刻早退は当たり前の中で過ごした高校３年間ですっかり時間を守る、とか授業に出席する、という当たり前のことが欠落してしまい、遅刻して周りに迷惑をかける癖がなかなか抜けなかった。このへんも世間知らずで他者への配慮が足りなかったと反省している。

三番目は、清掃。人間が得ている情報のほとんどは目から入ってくる。周囲がきちんと整理されていれば、乱雑な環境やゴミ屋敷のような状態より頭がすっきりして考えもまとまりやすくなる。掃除の効果は、想像以上に大きい。私はそれをのちに勤務した女子高で痛感した。当時私たちの教室を夜は定時制の人たちが使っていた。汚い教室や黒板でその人たちに迷惑をかけていたことを今になって申し訳なく思う。

⑤選択科目と自主講座

前述のように大学での生活は大変だった。やっている内容にも興味がわかなかったが、ともかく４年で卒業するために頑張った。その後結婚退職し、15年後に再就職、さらにその4年後、学生時代にはなる気のなかった家庭科の教員になり、16年務めて退職した。今は、出前の実験講座の講師として不定期で働いている。長いブランクの後で再就職して30年近くを支えてくれたのは大学時代に身に着けた基礎知識と技術だ。嫌いだった実験も今は楽しく、昔学んだ知識や経験が役立っている。

立高のころ先輩に「一番苦手なことをやったほうがよい」と言われたことがある。その真意は不明だが、私の経験からいうと選択科目や自主講座の形であまり早く道を狭めるよりできるだけいろんなことを試してみる方がいいと思う。今までと違った自分を発見したり、つまらなそうに見えたものが案外面白かったり、後で役に立ったりということもあるからだ。得意なもので勝負しろとか苦手なものは無理しなくてもよい、という意見はよく耳にするが、苦手で嫌いな科目こそ学校で強制的にでも学んでおかないと後ではなかなかやる機会がないものだ。

紛争後の立高では自主講座が開設されたと聞いた。ハイレベルな講座が並んでいてさすが、と思ったが、私なら「数学やり直し講座」とか「物理が好きになる講座」とかを作ってほしい。立高は当時地域のトップ校として君臨していて、生徒も入学までは、優等生だった人が多かった。そんな人も立高ではただの人、地元では期待され、立高では授業についていけない、そんな悩みを人知れず抱えていても、「わからない」の一言はなかなか口に出せず質問もできなかった人が多かったと思う。ピークをさらに高くするのも大事だが、底辺の底上げも忘れてほしくなかった。

２　50年がたって　今考えること

①若い人へ

今こうしていろいろな人の意見や当時の資料に接してみるとあのころのことがずいぶんはっきりした形で見えてきた。知らなかったこともたくさんあった。あのころ知っていれば事態はずいぶん違っていただろうと思えることもある。でも、それは50年の歳月があって初めて気づくことができたこと。人間は困難の渦中にあるときは、なんとかそこから抜け出すことに無我夢中で、やっていることの意味などわからないものなのだろう。

こんな中で痛感するのは、当時は本当に未熟で何もわかってなかったなあ、ということ。自分で働いたこともなく、生活も経済もすべて親に依存し、自分のまわりのごく限られた世界の中で、自己否定だの自己批判だのということばを弄び、頭で考えた正義に向かって暴力的な方法で戦っていたあのころ。そもそも自分で自分を知ることさえできないのに、その自分を裁くなんて人間には無理なのではないだろうか。また、当時は自分のことしか見えず、自分の命はどう使おうと自分のもの、という気持ちがあったが、親にしてみれば、大切に育てた子どもが成長して喜んでいるときに自己批判だの自己否定だのと言われたらどれほどつらいことか、これも子供や孫を持った今ならよくわかる。

あの紛争のころ、ある先生は「社会を変えるのに一番有効で誰にでもできる方法は選挙だ」とおっしゃった。バリ派も、10年ほど前の民主党による政権交代もみんなの支持を長く保つことはできなかった。体制打破することに夢中で、その後の展望がしっかりしてなかったことが一因だと思う。カリスマ的なリーダーによる暴力的な革命で一気にみんなが幸せになるとは考えにくい。一人が投票しても大した影響はないかもしれないが、棄権した人の票を全部集めれば流れは変わる気がする。最近投票年齢が20歳から18歳に引き下げられた。皆さんも、ぜひよく考えて投票だけはしてほしい。何もしないで自然に世の中がよくなることはあり得ないから。

私たちはビラと署名と議論で紛争に立ち向かい、８００名の署名を集めるのも大変だった。最近の高校生は新方式入試反対の署名を短期間に４万筆以上も集めたという。こうした若者の社会への異議申し立ては世界各地で起こっている。「世の中はちょっとしたきっかけで激変する」これはこの50年の体験から得た実感だ。若い人達は、もっとスピーディにスマートに世の中をよい方向へ変えていってくれるのではないかと私は大いに期待している。

②最後に　紛争の恵み

今回この「紛争を伝える会」の活動をきっかけに当時同じ学校にいたはずなのに、出会うことのなかった人たちとの古くて新しい出会いがあった。それぞれが当時そのままの熱く純粋な思いと50年分の知恵と経験を持ち寄ってこの本を作っていく過程は、大変だったが、とても楽しいものでもあった。先の見えない混乱と不安の中にあったあのとき、50年後にこんな素晴らしい出会いの時が来るとはだれが予想しただろう。今はただ神様の御恵みに心から感謝するばかりである。

第9章　キャンバス派を生きて

秋月　雅裕

１９６８年10月の早朝、朝５時…その瞬間「ガシャーン」という音がして、薄暗い校庭グラウンドは数機の投光器からの一斉照射で真っ白な広場となった。

同時に「ウオー」という雄叫びと共に、校舎から生徒たちが「ハリボテ」を担ぎながら、各チーム（4チーム）の応援団席後ろに建造された幅16メートル、高さ5メートルの「足場」に向かって突進していく。いったいどこに隠れていたのかと驚くくらいの人数だ。

先輩たちが足場のてっぺんに向かって登っていき、運ばれた「ハリボテ」の積み上げ作業を大声で指示している。

他のチームも必死だ、怒号がグラウンド中に響いている。

８時までに組み立てができていないと大きく減点されるからだ。また審査員はＯＢで、見栄えよりも構造に手抜きがないかのチェックが厳しいのだ。体育祭では競技、応援、そして※キャンバスには賞がかかっている。３ヵ月間もの間キャンバス制作してきた担当者の想いだけではない。共に「紙貼り」作業に努め、朝食のおにぎりを用意して駆けつけてくれた女子たちも気持ちは一緒だ。この光景に震える感動を覚えた一年生が「キャンバス派」となるが、組織はない。勝手に名乗っているだけだ。

そして私も一員となった。

※キャンバス（巻頭写真参照）は、およそ１・５メートル四方の「ハリボテ」を40個～50個に分割して制作される。

翌年２年生になって私はＡＨ（男子クラスと男女混合クラス合同）チームキャンバスの制作担当チーフになった。サッカー部員でもあった私はキャンバス制作にのめり込んでしまい、部活は休部状態だった。部長が心配して制作中の私のところに様子を見にきてくれたときは心が痛かった。

伝統行事に浸り酔いしれながら体育祭が終わり、賞が取れず涙して気が抜けた頃に、10月22日を迎え、校舎がバリケード封鎖された。バリ派リーダーの古田さんは、私の出身中学の生徒会役員の先輩だった。優しくて聡明な女性だった。発する言葉、立ち振る舞いそして行動力を尊敬していた。その古田さんがバリケードの上で叫んだこと、表情、声、言葉、全てが別人のように思えた。どうして？

古田さんがあそこまでやっているからには意味があり、理由があるはずだ。たくさんの集会、そしてビラを読んで理解しようと一度は思った。しかし全くわからなかった。バリ派の人たちは、スクラップ&ビルドの手段が全て正しいと思っているようだ。まるでブルドーサーが、一気に緑の土地を更地にしてしまうように見えた。

自己否定とは何だろう。批判的に自分や社会を見つめ反省し自己改善し行動せよ、ということか。その程度にしか「理解」できなかった。そして私の心と足は動かない。

立高には様々な伝統や伝説がある。博物館並といいたいが、実際には老朽化し穴があいている木造建築物の講堂や館、アール・デコ風の校舎、行事、「立高精神」、立高歌集という出版物もある。

世代を超えて多くの先輩たちによって、鍛えられ研ぎ澄まされた、魅力のある伝統行事にのめり込むことは贅沢な特権であり、青春であり、高校生を生きる喜びでもある。伝統に覚醒・心酔して同じ道を歩もうとする意思はもっと尊重されて良いはずだ。そこで学んだことを後輩に継続・接続していくことは、また新たな使命だ。

そんな伝統や行事さえも否定されてしまうのか。

物事を変えていくには「不易流行」という作法が必要だと思っていた私には、結局のところバリケードは単なる壁でしかない。心の壁でもない。

私が自称キャンバス派生徒に脱皮したといっても、単なるノンポリ生徒であることには違いはない。ビラを出して主張したり、マイクを握って訴えるほどの勇気もなく、「沈黙」に潜むだけの一生徒にすぎないが、この学校機能停止状態をいつまで続けるのかという不安と、伝統・行事維持の寸断は絶対に許せない思いだった。そして「８００名署名」の運動がじっくりと確実に大きなうねりとなり、私自身も参画する機会があった。

今、私の手元にその署名用紙がある。そしてそこには５名の署名がされている。そうか、出し忘れていた。「800名署名」には参加できなかった生徒が5人いたのだ。

ごめん。

50年前、家庭のテレビがチャンネル権争いから、やっと自由に見られるようになった頃だ。アメリカのドラマやディズニー動画に目を奪われながらも、いろいろな和製学園青春ストーリーがあり毎週楽しみにしていた。登場する生徒たちは、だいたいがラグビー部員と女子マネージャー、そして熱血教師。立高グラウンドがそんなドラマの撮影場所になっていたこともあって、ついつい結末が何となく想像できても、テレビの前にかじりついていた。記憶に残る、登場する生徒たちの熱い想いや、友情、恋愛、葛藤、笑いそして涙についついつい感情移入してしまう単純な性分だった。

そんな青春ドラマの影響から、いつの間にか自分は高校の教員になろうと思うようになった。しかしそんな単純な理由ともう一つの理由があった。「キャンバス」だ。

神奈川県の高校教員になったとき、文化祭の時に制作する「校門」にはこのキャンバス制作技術を絶対に活用しようと企んでいた。制作するのは私が顧問をしていた卓球部員たちだ。

部員たちは7月の夏季大会が終わると、9月に開催される文化祭に向けて「キャンバス」制作を強制的にさせられるのだ。後に卒業した部員たちに聞くと「夏休みの半分以上はキャンバス制作でした」と笑いながら愚痴られたことがある。

…大量の新聞紙を集めろ、小麦粉を水に溶かして煮ろ、小麦粉がダマにならないようにかき混ぜていろ、紙貼りでは空気を残すな、貼りの厚みは最低１・５センチ以上にしろ…等々指示される項目は「キャンバス」制作と全く同じだ。組み立て作業ともなると危険きわまりない作業が待っている。立高の先生方はよくあんな作業を許容していたなと思う。立高では４チームのキャンバスは後夜祭のファイヤー・ストームで燃やされ、その周りで「嵐踊り」が展開される。踊りの勢いで学ランからちぎれた金ボタンは「彼女」へのプレゼントだ。

自分と指導してきた生徒の青春が重なる。私は満足しているが、部員たちには迷惑なことだったろう。しかし部員たちとＯＢ会で会って話を聞いていると、苦労はあったが今では懐かしく、喜んで語っているという。制作中に先輩や後輩と一緒にいろいろな話をする。部活のこと、勉強のこと、恋愛のこと、親のこと、学校のこと、進学のこと、将来のこと、アイドル（当時はない言葉）のことなど、ラジオカセットを作業場となっている体育館一階の雨天練習場に持ち込み音量を大にして半日過ごす。50年前にはラジカセはなかったが、作業場が「語り場」であったことは同じだ。キャンバス制作を通じた青春の色彩は同じだった。

未来に向けた、生き方にも繋がる楽しい語り合いの場となっていた。50年前も、今も。

私も一度だけビラを出したことがある。１９７０年４月、三年生になったばかりの時、新入生向けに出したビラのタイトルは「高く、大きく、湧きたてと」だった。

半年前の「紛争」を経て「復興」と「新生」に向けた様々な活動を知ってもらい、立高での生活や学習に洋々と向き合い、充実した青春を謳歌してほしいと願ってのエールだった。校内にはまだ多少の「紛争」

の爪痕が残っていたが、生徒や教職員の地道な活動の中で、その年の秋の立高祭のテーマは〝蘇生そして飛躍〟となった。校門にかかっているアーチを見たとき、伝統と歴史が再び回り始めたと、熱く感動したことを覚えている。

１９７２年の春、大学一年の一般教養社会学で課題が発表された。社会学担当の先生は、最初の授業冒頭でこう言った「評価はレポートでします」と。それは暗に、提出物がしっかりとしていれば単位がもらえるということだった。もちろん私は「提出物」に賭けようと思った。しかしレポートタイトルが「歴史と体験の異相」ときた。数学科に在籍していた私は「異相」を「位相」と思い込んだ。さて何を書けば「異相」となるのか…。しかしすぐピンと来た事があった。それは高校紛争を体験し、なぜか紛争時のビラを保存していた私は、これこそリアルな体験と思うと同時に、立ち会った者にしかわからないであろう状況を報告できると思い込んだ。半年ほどかけて、入学祝いでもらったパイロット万年筆で40数枚のレポートを書き上げ、１９７３年の正月明けに提出した。評価は「A」だった。そのレポートが、46年ぶりに実家の本箱の一番下から数十年の時の香りと色に染まって現れた。当時は何もわからず、反論する知恵もなく過ぎ去った2ヵ月間だった。PCや携帯もない時代にどうやって情報を得、伝えていったのかわからない。そして当時は、メモリーで保存することもできない。レポートを書く際には、残っているビラと自分の記憶が頼りだ。

小著は私が提出したこのレポートが基盤となって進められたと先輩や仲間たちは言う。正直言って、ただビラを捨てきれずにいただけなのだ。そしてビラをあらためて読み直し、自分の記憶と体験をなぞっているだけだ。あえて自分を褒めるとすれば、「紛争」４年後という鮮度がいいくらいだろう。

あの「たたかい」は何だったのだろう。ノンポリ・キャンバス派の私には「闘った」記憶はない。「闘った」先輩や仲間についていっただけだ。しかしバリ派の人や仲間たちの議論を聞いているうちに気づいたことがある。それはこの「たたかい」はバリ派との論争だけではないということ。自らの怠慢で失いかけた民主主義を、失いかけた自己決定力をどのように立て直すかという課題なんだと。

民主主義を「やっかいなものだ」と言ったのはチャーチルだ。しかし「やめるわけにはいかない」とも言っている。民主主義を担う私たちの責任は重い。

民主主義は一人ひとりが賢明でないとうまくいかない。

賢明になるには知識をそなえておかないとなれない。

正しい知識を得るには継続的な勉強と体験が必要だ。

〝学習権〟はそれを保証してくれる。

※「学習権宣言」ユネスコ成人教育会議宣言　１９８５年（巻頭参照）

私たちの「たたかい」とは、もっと賢くなって、不安や悩みを少しでも解決する力を持つことだ。50年前も今も変わっていない。「学習し続けることが未来を展望することができる」ことを、ユネスコが宣言する「16年」前に仲間たちが独自に気付いていたことは面白く愉快なことだったと思う。

「紛争」から40年経った２００９年、神奈川県内初めての県立中等教育学校が誕生し、初代校長を拝命した。２００５年からの４年間の準備期間は、施設活用校（大原高校）の完校（閉校）事業と同時並行で新校立ち上げの喜びを体験させてもらった。

「人間性豊かな、社会貢献する国際人の育成」という新校の学校目標が決められていたので、「キャンバス派を生きて」きた私の想いを込め、その標語を「Live, Love, Learn」とした。

自ら生きぬき（Live）、他者を慈しみ（Love）そして学び（Learn）続ける、という「３つのＬ」。

右手で親指と人差し指を立てると、相手にはＬサインを送ることになり、春の新学期のクラス写真撮影では「サインはＬ！」と唱和して「パチリ」。

そして卒業式で最後に贈る言葉は『一生勉強　一生青春』（相田みつを）だった。

仲間と出会い、時を共有し、苦しんで泣いてそして笑うことはいつの時代でも同じだ。

頼もしい、愉快なそして優しい仲間と、50年前出会えたことに感謝したい。

第10章　「立高紛争」が、こんにちの私たちに訴えかけるもの

木村　均

1　バリ派の「ひと時の光芒」

第1部で見てきたように、バリ派が目標とした「立高そのものが社会に対する叛逆のバリケードに」なることはなかった。その後の立川高校に、バリ派の影は存在しなかった。

では、バリ派は全く無意味だったのだろうか。否定され、闇に葬られるべき存在なのだろうか。立川高校では、２０１８年の文化祭でも、「紛争」を描いた劇が上演されたという。…ということは、半世紀後の世代もある程度の関心はある、ということだろう。彼らを、どうとらえるか。こんにち、彼らの行動の意味を追究することは、１９６８年以降大学で一時代を画した「全共闘運動」をどうとらえるか、ということにもつながると思う、そして現在、全共闘運動の「総括」はようやく始まろうとしている。そんななかで、研究者でもない私たちが、バリ派についての評価を考えることは、身の程知らずの試みかもしれない。

しかし、立川高校という一つの舞台にフォーカスすることによって、見えてくるものもあるかもしれない。また、小著の草稿の一部を読んだ方から、「大学『紛争』には『セクト』[14]の論理の影響が感じられるが、高校『紛争』では、それも皆無ではないだろうが、比較すると若々しいというか、背伸びしているような、『自分たちなりの表現』が感じられる」という感想をいただいた。確かに、50年経ったいま読み返すと、痛々しいまでに「自分の言葉で語ろう」といった姿勢が読む者の胸に迫る。粗削りかもしれないが、かえって本質に近づくことが出来るかもしれない、と思う。…改めて、バリ派の主張に耳を傾けてみたい。

①なぜ、50年前にバリ派が登場したのか

目次の後に、こういう意味のことを書いた。

１９６８年から69年、日本も世界も、ある種の「文明礼賛のお祭り騒ぎ」と、それに対する「異議申し立て」の動きが目立った時代だったように思われる。

そんな時代。ここでもう一度、当時の立高生に衝撃を与えた、10・20発行のビラ『怨みをこめてふりかえれ』〈B21〉を引用したい。20ページで冒頭部分は紹介したが、その続きである。長くなるが、当時の社会情況と、この文章に揺さぶられた立高生の心情を理解していただくには、このくらいの分量が必要かと思われる。

…アンポアンポとさわぐじゃないぜ　あとの態度が大事だよ　というとりすました頭でっかち　であることをやめたわれわれは、安保が60年代の胎内で続けてきた日本と合衆国と極東のわれわれへの侵略と抑圧［中略］の中に生かされていることなんてまっぴらなのだ。生きるのか生かされるのか、それが問題だ。

全ての女は――特に15才から18才の女は――安保と教育秩序とよれよれの倫理と道徳の信念を、悪臭をはなちながら腹に孕んでいる。［中略］ここ立高のいやらしい黄土色の校舎が、弘田三枝子ほどのロマンティシズムももたない、ひからびた人形の家でしかないことも正気な人間ならだれだって知っている。だがこの人形の家は、チェホフ《ママ》がやったようにカッコよく捨てられる家じゃなかった。というのもこの箱の壁や窓や戸口のいたるところには〈学問〉と〈教育〉と〈民主主義〉という化物がはりついていて、それはさながら、自衛隊に入った耳なし芳一の肢体をおもわせる。だれのための学問なのだ。自分のためだなんていう口を誰がもつものか。商品という価値をもっている自分？　他人の血しぶきを笑う自分？［中略］

われわれの欲情を、彼女は中教審答申とか大学立法[15]とか手引き書とかいった神様みたいな熨斗をつけてかえしてくれた。かつての偉大なるアメリカ映画にでてくる古典的なおどおどした黒んぼ《ママ》たちの怒りこそ、シャロン・テート事件[16]の、白人の妊婦をつるしあげ、切断した男根をぐったりのびた白人の男の口の中につっこむという伝説的狂気を妖しくなさしめたのではないか。［中略］

われわれはここに全世界のわれわれ男と女の10・21国際反戦Ｄａｙの炎に呼応して、徒党を組み、

10・21を〈反戦反安保・教育秩序に総反乱を〉どのような暗い廊下の曲がりかどからでも、授業放棄と全学集会によるスト決行をもって斗いぬくことを宣言する。

われわれのみている歪んだ現実は、われわれの歪んだ顔なのだ。怨みをこめてふりかえれ！

そこにあるものは、健全な精神に対しては病者となり、神に対しては悪魔の子孫となり、社会に対しては犯罪者となるべき我々の、絶えることなき破壊と律動の道だ。

自己否定のあとに何があるか――あとも先もあるものか。止むことのない否定でなければ、否定などというだいそれたことをいえるような傲慢さは誰ももっていない。〔中略〕われわれは〈大衆〉の汚名をここに返上し、人の数だけある現実に対決してゆくべく徒党を組むわけだが、世なおしなんてえでかいこと、できるかできないか、やってみなきゃあわからねぇ。〔後略〕

この長文の中には、水前寺清子のヒット曲の歌詞をもじった表現や、弘田三枝子が歌ってヒットした曲名の引用もある。しかし、タイトルの「怨み」という文字といい、シャロン・テート事件の描写といい、おどろおどろしい言葉に圧倒される。いったい、何人の立高生が、この文の言わんとすることを理解しただろうか。それと目につくのは、第1部で引用した部分にもあった、露骨な性的描写（省略した部分は、まだ一ヵ所ある）である。とりわけ当時の女子生徒にとって、正視し難かったのではないか。3対1の人数比で在学していた彼女たちには、「あの文章を読んだ男子生徒の中に自分がいる」ことだけで辛いものがあっただろう。そして、この文章の最後に「えふ」とだけ記しているのは、バリ派のリーダーの女子生徒であることは、当時の三年生はみな気づいていただろう。

この文章を読んで、文字通り「揺さぶられた」立高生が何人もいたのは、なぜだろうか。

改めて読んでみて、「安保」「教育秩序」「反戦」という言葉とともに、引用文の第1段落の「生きるのか生かされるのか、それが問題だ」というフレーズに注目したい。第2段落で「立高」を「人形の家」とし、そこには「〈学問〉と〈教育〉と〈民主主義〉という化物がはりついて」いる、としている。さらに、学ぶことが「商品」である自分「他人の血しぶきを笑う自分」につながる、と指摘する。そして言う。「われわれのみている歪んだ現実は、われわれの歪んだ顔なのだ」そこでなすべきことは、「絶えることなき破壊」「止むことのない」自己否定によって「現実に対決してゆく」ことだ、と。

つまり、我々は「歪んだ現実」の中で「商品」となるべく「生かされている」。それを破壊し、自己否定し、現実と対決してゆく。「生かされることを拒否する」宣言と言えよう。

当時ベトナム戦争が激化し、罪のない母子たちを爆撃で殺す米軍機に対して怒りをもやし、反戦を叫ぶことは、若者たちの「正義感」の発露であった。それに日本が「加担」しているのは、日米安保条約があるからだ、という声もよく聞かれた。そして、国内は高度経済成長のただなかにあった。政府の教育政策は経済界の要請にそって行われている、という指摘があった。当時よく目にしたのは「3％のハイタレント（高級労働者）と、その他の労働者を、早い時期から『能力主義教育』で『選別』しようとしている」という批判である。さらに、1966年の中教審答申では、「期待される人間像」という別冊がつき、愛国心や天皇への敬愛などが強調された。当時の立高生たちにとって、「期待されるように」コントロールされるのはまっぴらだ、という意識と、「自分たちはハイタレントとして選別されていく、それに対して無自覚でいいのか」という自問があったのではないか。この点では、第1部62~63ページの立高新聞の論調と、40~42ページに引用したビラの文面を参照されたい。そこに見られるのは、「歪んだ現実」を自分たちの「日常」が支えてしまっている、その「日常」を否定し、破壊しなければならない、という考え方である。これが、バリ派への共感につながった、と言えるのではないか。

②こんにちとつながるもの

ところで、高校生という時期は人間の一生のなかでどういう時期だろうか…と考えてみると、自我を確立しようとするころ、と言えようか。両親や社会など、周囲を批判的に見ることが多いだろう。しかし同時に、「そんなに偉そうなことを考えているのに、内実が伴わない自分」も痛いほど認識してしまって、自己嫌悪や自意識過剰に苦しむのも、今も昔も変わらないように思われる。

そういう高校生という時期、「自分自身や社会に対する、もやもやとした現状への不満」を感じやすいことだろう。例えば、こんにちでも、「いい大学」を目指し、クラスメートたちを蹴落として「行かざるを得ない」状況に「生かされている」自分を「発見」して、そういう自分という存在を強く拒絶したい、と感じる人もいるのではないか？ そう考えると、50年前のバリ派の主張の一部分に共感する人もいるのではないか、という思いに至る。

だが現在、そういう主張は表面にほとんど出てこないようにみえる。「だれも言う人がいないから自分も言わない」だけかもしれない。一種の「諦め」であり「自己適応」とでも言おうか。つい最近、ある女子大学生がこんなことを言った。

「一時期、『ゆとり世代』とか『さとり世代』って言葉がはやったでしょう？　それで言うと、私たちは『適応世代』じゃないか、と思う。何か不平不満があっても、『まぁこんなものだろう』『しかたない』『そこそこでいい』って思っちゃう人が多いと思う。私も、そうですけど」。

それと比較して言えば、50年前の高校生や大学生の間では、声高に「異議申し立て」をする者がいて、しかもそれが「カッコいい」と映る面があったという気がする。ふだんから政治がひんぱんに話題になる、だから、それに安心して「乗っかる」ことができ、一大ムーブメントとなったのではないか。そうした雰囲気のなかで、バリ派の訴えは、当時は高い価値を置かれていた「根底的な異議申し立て」として、多くの立高生の心に刺さり、重大な「問題提起」として受け止められたのではないだろうか。

そう考えると、50年前のバリ派の「問題提起」は、こんにちの若者の「もやもやとした現状への不満」（→しかし、そういうことを言う人がいないから、適応して外には出さない）と全く無関係とは言えないのではないだろうか。

③見過ごしがたい問題点

バリ派の主張を受けて、「あれがあったから、教育の問題など、深く考えさせられた」と指摘する「一般生徒」はかなり多かった。第1部では、初めはバリ派に惹かれていた中林君、中田君、堂安君の述懐を紹介したが、後には800名署名の責任者の一人となった私自身も、当時の「引き裂かれた」思いを今でも思い出す。私の思いを言葉にすれば、こんな感じになろうか。

「彼らが、よく口にした『日常性から脱却せねば』という提起が心に刺さりました。平たく言えば、バリケード封鎖なり、『授業放棄＝スト』や『連日のHR討論』がなくなってしまえば、もとの高校生活に戻ってしまう、ということです。もちろんその中には、授業にしろ友人たちとの時間にしろ、『刺激的な、いいもの』もありますけど、なかには旧態依然とした授業や、我ながら『堕落している』と感じてしまうナレアイ的な時間もあるわけです。そんな『日常』に戻っていいのか…という自問がありました。バリ派の提起は、『蒙昧の闇を切り裂くひと筋の光芒』という感じがしました。でもそれは、自分としては『ひと時』で終わってしまいましたが…」

なぜ、私にとって「ひと時」で終わってしまったのか。第1部で見たように、中林君たちはなぜバリ派から「離れた」のだろうか。これらの問いに答えることは、大学での「紛争」が、やがて凄惨な「内ゲバ」を起したり、連合赤軍事件での「総括[17]」が行われたりしたことの理由を考えることにも、つながる気がする。バリ派は、どうしてそういう落とし穴に落ち込んでしまったのか、彼らの具体的な行動を見ていくことにしたい。

まず指摘しなければならないのは、バリ派の「考えを支持し、行動を共にする」以外の人たちを「敵」

としたことだ。22ページの10月21日に出されたビラ『全学総決起への第二宣言』が、その考えをよく表している。

そして自分たちの「感性」にも同調を求め、自分たちの思い通りにならない状況は受け入れられない、とした。「授業が行われたら、もう終わり」なのだ。「思い通りにならなくても、目標に向かって粘り強く努力する」姿勢はほとんど見られなかった。そして「論破しないかぎり、認めない」と迫るのである。

こうしたスタンスと不可分に結びついていたのが「大衆を侮蔑する姿勢」である。例えば、生徒総会のような場で、「一般生徒」から出された素朴な質問などには答えず、自分たちの主張をとうとうと声高に繰り返す時などに、それは強く感じられた。小著で言えば、46ページで定時制の文化祭を「批判」した文章に、それは濃厚に表れている。それに対して、39ページで紹介した中田君のビラ『一般生徒の立場から訴える』で「私達をあまりばかにしないでくれ」という叫びがなされるわけである。

これまで見てきたような感覚からは、自分たちの行動に「敵対する」者に「実力で対処する」ことも正当化されるのだろう。第１部第４章の１で教員たちを寒空の下監禁状態にしたこと、第１部第５章の３で監査委員たちを監禁したりしたことに象徴的に表れている。仮に彼らの考えが「正しい」としても、そうだったならば他者の権利や自由を剥奪することが許されるのか。彼らは、「絶対者」であっていいのだろうか。いいはずはあるまい。反対者を力でねじ伏せるやり方は、バリ派の言う「権力者」の常套手段ではないか。こうした彼らの本質は、「自分たちの思い通りにならない」時に、行動に矛盾を引き起こすことにもなる。第４章の１で総務部長をカンヅメにした際のある発言。「生徒総会で授業再開が可決されても、学校の責任で延期せよ。」という、「学校の権力的側面」を糾弾してやまない自分たちが、自分たちの要求を実現するために権力的行為を要請する、というのは自己矛盾の最たるものではないだろうか。

さらに指摘したいのが、彼らのぬきがたい「セクト性」である。自分たちに反対する勢力に「日共＝民青」とレッテルを貼る。人間の考えというものは、そんなに単純なものなのか。もっと複雑なものであろう。小著の中林君たちの姿が、その有力な証拠ではないか。東大全共闘が安田講堂に残した落書きで、「連帯を求めて孤立を恐れず…」というフレーズが有名になったが、東大全共闘もバリ派も、その姿勢は本当に「連帯」を求めるものだったろうか。

このことはなかなかわかっていただけないことだと思うので、それに疑問を持った中田君の50年後の述懐を紹介したい。バリ派に惹かれていた彼が、なぜ10月28日の生徒総会で、30日に可決されるB案を提案するに至ったのか、とてもよくわかる。

「自分は『名門進学校』と呼ばれる立高に入ったが、『なぜ学ばなくてはいけないのか』という問いかけが、心の片隅にありました。立高でバリケードストライキが行われ、バリスト派が問いかけていたのは、『企業にとって優秀な労働力を作り出す教育体制のなかに自分がいていいのか』ということだろうと、真剣にその問題提起を受け止めようとしたのです。

そのため、バリケードを力づくで解除しようとする動きに対しては、彼らを守ろうと中林君たちとバリケードの前に立ちはだかったことを覚えています［30ページ参照］。

そして、彼らへの連帯意識も持ちながら、10月26日の自主解除の後の新宿御苑の集会に参加しました。これから立高の教育問題をどうしていくのか、が議論されることを期待してそこに向かったのです。しかし、そこで彼らが叫んでいたのは、『代々木〔日本共産党や、それを支持する日本民主青年同盟＝民青をさす〕に対する闘い』という言葉が出てくるアジテーションで、私がシンパシー〔共感〕を感じて、彼らの報告から聞こうとしていたものとは、あまりにもかけ離れていました。

一緒に参加した中林君と、『これは違うよね』『なんで代々木が敵になるんだろうね』と言いながら帰ってきたことは鮮明に覚えています。

翌27日に登校してクラスの仲間と話してみても、『バリスト派のやっていることはおかしいよね』『きちんと議論する時間が必要だよね』という声ばかりが聞こえてきました。ただし、それを声に出そうとする勇気を持つ級友はいませんでした。

そこで、28日の生徒総会に、誰かの指導を受けたというわけでもなく、今の自分のことをしっかり見つめたい、今後の学校の在り方を考えたい、そのための時間を『クラス討論』として確保することが大事ではないかと考え、あの『提案』をする決意をしました。

私は、立高に入って学業では『劣等生』ではあっても、中学から続けてきた柔道では当時主将をしていたくらいで、人に負けないだけの意志の強さには自信を持っていました。バリスト派が彼らの主張に反する意見を認めず、激しい攻撃を受けるだろうことはわかっていても、ここで黙っているわけにはいかない、逃げてはいけないという思いが強くわいたのだと思います。

この提案を機に、『バリケードに反対し、教育問題の徹底討論』などを訴えていた三年生の有志達と接点を持ち、その後の改革などで一緒に行動するようになったと記憶しています」。

ここまでをまとめて言えば、自分たちの「レベルの高い」「正しい」意見を押しつけ、反対意見にはレッテルを貼って「排斥」し、「敵」に対しては実力行使も辞さず、「一か八か」で行動や感性の統一を求める。その一端を、ある一年生が当時こう記している。「言い得て妙」なので、ここに紹介したい。

闘争とは大衆の支持が必要だと思う。現在のバリ派の言っていることは「闘争」ではなく「通そう」なのだ！　なぜなら彼らは聞く耳をもたないからだ！〔後略〕

そして、そうした彼らの行動すべてを通して、いまを生きる私たちにとって最も看過してはならないものだと思うことは、彼らの「非民主主義的姿勢」である。

まず、10月20日にストを提起したものの、賛成が得られなかったら22日に「勝手に」バリケード封鎖を行う。24日の生徒総会で自主解除要求が決議されると「撤回」を主張して「自己批判」を要求する。11月10日の生徒総会決定で授業を再開するクラスが出始めると授業やＨＲ討論を妨害し、18日に予定されていた生徒総会で授業再開が議決されそうだ、と見るや「大衆団交要求」で「授業を行わせない」ための実力行使でロックアウトを招く。

さらに25日の生徒総会で授業再開が可決されると徹底的に妨害し、生徒会会則を遵守しようという監査委員を「監禁」し、新生徒会長選挙を実力で妨害し、…といった具合に、「決まったことやルールを踏みにじる」姿勢である。民主主義とは、他者の権利を自らと同等のものと認め、であるからこそ、意見の違いをむしろ大切にして、よりよい方向を「ともに」探っていく、互いにリスペクトし合う関係性だろう。そうではなくて、自分たちの考えは「正しい」、それが実現されないのは「許せない」、という心の持ちよう。それが実力行使まで伴っていくとすれば、やはり、ファシズムに通じるものと断じざるを得ない。

徹底的に「自分と異なる意見」の者を追及し、糾弾し、「自分たちに屈しなければ自由を与えない、討論も終わらない」。こうしたバリ派の毎日続く執拗な「口撃」を目の当たりにして、それに乗じて同調する者もいたが、多くは嫌気がさし、悲しみ、逃避的になり、相手にしなくなる者が多かった。また「口撃」の標的にされた側は深く傷つき消耗し、心を痛め、苦しむ者が多かった。まだ、15~17歳の高校生にとっては「重すぎる負荷」だったのではないだろうか。これらについては、第7章の中林君の『蒼き時代の「漂流」と50年後の「ノーサイド」』をぜひ読んでいただきたい。そこまでいかなくとも、彼らの行為は生徒と教員の間、生徒相互間に深い溝、不信感、分裂を一時的ではあれ生んでしまった。

バリ派は、「生かされることを拒否しよう」と訴えた。それは当時の立高生を揺さぶり、こんにちにも通じる問題提起の面があったと思う。しかし、これまで見てきたような、見逃しがたい問題点を内包していたのではないか。では、「生かされる」のではなく、自ら生きる――自立して生きていくためには、何が必要なのだろうか。次に、「私たちが学んだこと」を見ていきたい。

2 私たちが学んだこと その今日的意義

①建設的な方向をたどれたのはなぜか

これに対して、反バリ派の主張は、初めから「民主的」という言葉を対置した。しかし、「バリ派でも反バリ派でもない」多くの生徒にとってみれば、特に初期においては、「自分の意見を述べているバリ派に対して、反対派は『みんなで』と言うばかりで、バシッと自分の意見を言っていない」と感じた者が多かったのではないだろうか。「自分の意見」という点では、『脚下照覧』の「学ぶ権利は、なんびとにも否定されない」というのはインパクトがあったが、「バリ派の〝命をかけた〟あるいは〝リスクを負った〟問題提起に蓋をしてしまう」と映った面があったのではないか。

バリ派の問題提起に応えなければならない、それには授業再開はとんでもない、討論を続けていかなければならない、でもどうしたらいいのかわからない、といった心境の生徒たちが多かったのではないか。…しかし、こういった状態で、HRという集団で討論を「長く」「本気で」続けることは、そうそうできるものではない。47〜48ページで見たように、しだいに討論は「ダレて」きたわけである。ロックアウト以前の校内の様子について、秋月君のレポートには、こうある。

毎日毎日〝授業内容の改善と検討〟をテーマとする〝確認会〟という授業と時間制限のないロングホームルームの繰り返しであった。当初はムンムンとするような熱気であふれていた各クラスであったが、後半に入ると登校する生徒もぐっと減り、ひどいところでは５～６人しか出席しないクラスもあった。こんな時こそ勉強するチャンスと、せっせと予備校に通い出す者や、討論の最中にもかかわらず豆単（『試験に出る英単語』など）をひろげて英単語を暗記したり、勝手に読書にふける者など、…生徒間の連帯そのものも崩壊寸前であった。

こうした状況は多くの「高校紛争」で見られ、立高と同様に「クラス討論」が「ダレて」くるなかで、しだいに一般生徒の関心がうすれ、尖鋭化したバリケード派の行動が警察力の導入などを招き、ただ不信感や無力感が広がり、荒涼たる状態が残される…といった経過をたどったとされる。そうだとすれば、立高の場合は、それだけに終わらず、８００名署名、生徒会再建、講座制（自由選択科目）実施という、建設的な方向をたどれたのはなぜだろうか。華々しいバリケード封鎖が「立高紛争」の全てであるかのように描くのではなく、ここを事実としてちゃんと押さえてふりかえることを忘れてはならないと思う。

先に結論を述べてしまうと、その背景に、教員集団が生徒の自治活動を最大限尊重しようとする姿勢と、生徒側の、議論を蓄積してきた民主的な伝統があったのではないか、と小著を編む中で議論して、考えた。…もちろん、教員の個々には非民主主義的な言動もあった。バリ派グループに心を寄せる人たちの中には、そういった教員ばかりをあげつらう傾向が強くみられるが、ここではあくまでも集団としての、そして根本的な姿勢について言っていることに留意されたい。ここで、「紛争」当初から封鎖に反対し、あるべき授業を探っていこう、と主張していた小沢君に、なぜ、そう思っていたのかを聞いた結果を紹介したい。

「立高の教師たちは受験に流されることなく、自らの教育理念、信念に基づいて教育に携わっておられた。他の高校に進んだ友人から聞いた話と比較しても歴然としていました。クラブ活動や学校行事も盛んで、生徒たちが自由に自主的に運営するというスタイルが確立されていました。

私は当時全国に広がっていた学生運動にも関心を寄せていたが、反戦、反権力等を掲げていたはずの全共闘運動が、意見の違う者を徹底的に攻撃して分裂を繰り返し、角材や鉄パイプまで用いて学生同士で闘うのを見て、一体何のための『闘い』なのか疑問をもったのです。

立高でバリケードが築かれたとき、バリ派諸君は、『全学ストライキを否決した君たちとの戦いだ』と、学友を敵視する宣言をしています。これは正に全共闘運動と同じ道を歩む愚行と感じました。直前に青山高校へ機動隊が導入されるという事件も重なり、『このままでは混乱と荒廃へと進んでしまう』と危機感を持ったのです。一方、バリ派の主張を真摯に受け止め共鳴する者が少なからず存在したことも事実だし、私自身も教育問題を考えることは大いに賛成なので、バリケードを解除して語り合おう、と提案するに至ったわけです。その根底には、教科の勉強のみならず様々な体験を通して成長させてもらった学校や、生徒たちと真剣に向き合い支えて下さった教師たちへの信頼の情があったと考えています」。

小著の記述を改めて見てほしい。例えば、教員たちはバリ派の行動に頭ごなしに反対し、即刻警察力を導入する、という選択肢もあったろうが、そうはしなかった。バリ派の提起に対し、生徒も教員も「とにかく話を聞こう」というスタンスで受け止め、粘り強く「一緒に考えていこう」としたように感じられる。

それが如実に表れているのは、10月27日から30日までの生徒総会で、大多数の教員が参加し、生徒たちと同様に意見を述べていることだ。そしてその後職員会議が『父母の皆様へ』と出した文書などをみても、一貫して、「生徒たちの決定を尊重し、見守っていく、という姿勢が貫かれている。一つだけ例を挙げよう。11月13日付『父母の皆様へ』である。〈Ｂ１２９〉

前略、第二報でご通知致しましたように一週間のクラス討論（十月三十日、生徒総会決定）が行われましたが、「一週間を経過した時に、再度その後をどうするかについて生徒総会を開く」という申し合わせに基づいて十一月十日（月）に生徒総会が開かれました。ここでは次のことが決定されました。［中略］

この決定の午前中の学科担任と生徒との話し合いは、授業に入りやすくするためのもので、学校としてもこの決定を尊重し、現在実施しております。［以下、日付と校長名］

こうした教員側の姿勢は、第１部第６章でふれた講座制（自由選択科目）の具体案を、生徒側の検討委とともに作り上げていった作業にもよく表れているだろう。また、生徒総会にあたって、教員側が全校生徒に、開始時刻について電話したり電報を打ったりしていたことも注目されよう。

一方、生徒側の動きで特筆したいことは四つある。一つは、生徒総会が生徒総数の三分の二を超えて成立し、「生徒側の総意」を決め続けていったことである。これは、簡単に思えるかもしれないが、他校の例などを聞くにつけ、三年生が受験に「逃げ込む」傾向、全校的な「長引く、同じ主張が蒸し返される討論」に嫌気がさす傾向が、どの高校でも強まっていったようだ。そういった傾向は、もちろん立高にもみられたが、大事な局面ではしっかり意思決定を成しえたことは、やはり「自治の伝統」があったからではないだろうか。そして、大事な決定がなされるごとに、生徒会執行部と職員会議が「確認書」を取り交わしていることも注目に値する。

二つめは、クラス討論運営委員会（以下「運営委」）という組織である。これは、本章の1で紹介した、バリ派の「セクト性」に疑問を感じた中田君が10月28日の生徒総会で「編み出した」ものだった（37ページ参照）。毎日午後3時から開催され、各クラスの出席、討論状況を集約しつづけた。生徒会の議決機関である中央委員会は、バリ派グループが多数を占めて、その開催は全く彼らの恣意に任され、ついには「解体」されてしまって機能停止した。執行機関である執行部は、運営委とともに粘り強く意見集約に努めていたが、８００名署名による授業再開後は、解散を表明してしまった。運営委の内容を記録した資料を見ていくと、「この委員会を特別委員会として活動を続けていこう」という記述が目にとまった。そうした自覚で、立高の自治の伝統がまもられた。この運営委のメンバーの多くが、８００名署名の推進者になって行ったことは、決して偶然ではないだろう。

そして三つめにふれたいのは、生徒会の正規の機関で唯一残った監査委員会の活躍である。今回、改めてびっくりしたが、当時の委員は一、二年生の5人であった。委員長は一年生の女子だった。高校生の時期は、一、二年上の先輩というものに「はるか年上」の感覚を抱くものである。その彼らが、二、三年生が多いバリ派の「質問という名の脅迫、恫喝」に対して毅然と対応したことには、感動すら覚える。

バリ派グループは、「教員―民青―監査一体となった収拾策動を許すな」などと連呼したが、ここまで見てきた生徒たちの動きや、それを見守っていた教員たちは、一切「打ち合わせて」行動などしていない。まさに「自治」として、自分の頭で考えて行動していたのである。

四つめに挙げたいのは講座制検討委員会の活躍である。アンケートをとり、生徒たちからの意見や要望を吸い上げ、教員側と折衝し、短期間に一つの形を作り上げていった。堂安委員長の50年後の回想によると、「次々出されるものを一年生の幸田君がＫＪ法と言って付箋に書いては黒板に貼り、何かが決まれば、決まった先から女子生徒たちが文章化し、鉄筆でガリを『切って』いった」そうである。小沢君や堂安君の述懐にあったような立高の心ある教員たちも、大学の教養課程レベルの授業を、「自由選択で選んだ」生徒たちに教えることは、さぞ「やりがいのある」ことだったのではないだろうか。そしてそれは、『モーニング・レイン』に描かれていたように、立高生の自治の一環として受け継がれていったのだった。

②学ぶということと民主主義

10月22日のバリケード封鎖以来約１ヵ月の生徒総会、ＨＲ討論、ロックアウト…という事態の推移を経て、多数の生徒たちにとって〝学びたい〟〝民主主義的なルールは大切にせねば〟ということが、ようやく一致点として認識された。それこそが「８００名署名」であり『静かなる、切なる訴え』だった。そして「署名する」という行為が、「やっと自分の意思を表現できる」待望のものと受け止められたからこそ、各クラスに自発的な推進者が登場し、短期間で、しかも学校が開いていない中での「全校生徒の三分の二以上」という目標達成につながったのではないだろうか。改めて考えてみると、ユネスコがパリで「学習権」を全世界共通の理念として宣言したのは１９８５年のことであった[18]。その16年前、都立立川高校の生徒たちの手で、「８００名署名」や「講座制＝自由選択科目」という形で、素朴ではあるが、生徒たちの総意として「学習権」が宣言されたとは言えないだろうか。

「紛争」が起こってわずか６ヵ月後に、「講座制＝自由選択科目」を発足させたことが、バリ派の「授業を受けること＝体制べったりの犯罪行為」という主張に対する「解答」だったのではないか。

　教員側には「紛争」が起こる前からあった考え方だったかもしれないし、生徒側には11月初め頃から漠然とした形で要求として出てきてはいたことであったが、1月8日に職員会議から発表された『中間報告』（96ページ参照）から、２ヵ月足らずの期間で、全く新しい形の「授業」を、生徒と教員の意見を取り入れながら実現させたエネルギーの源は、「紛争」の中でなかなか正面切って反論できなかった「授業＝犯罪行為」に対する解答を形にしたいという生徒と教員の強い気持ちだったのではないか。

　50年後の私たちは、そう考えることができる。50年前の、あの時代背景と立高の生徒会自治と教員組織の土台があってこそ可能になった「稀有な出来事」だったのかもしれない。

③民主主義をめぐっての私たちの課題

こうして、教員集団の姿勢と生徒側の自治の伝統に支えられて、私たちはこの「紛争」から民主主義の具現化を学び、学ぶことの意義を自覚することができた。

もちろん、これで「全ての問題が解決した」わけではない。第１部第６章の最後に記したように、１９７０年度前期生徒会長選挙で、大勢の流れを「手放しで喜んでいるわけではない」生徒の数が、有効得票数の35％近くを占めたという事実。投票していない生徒が全体の四分の一以上いるという事実。…しかし、ある「常ならぬ事態」には一定の決着が必要だとすれば、立高の例は、全体として、下の学年に受け継がれ得るような決着となり、第１部第３章で紹介した文学作品に結晶するような「伝統」として引き継がれていったのではないだろうか。

その後、１９７０年代を通じて、確実に学校現場で生徒間の連帯が困難になり、一人一人がバラバラになっていく傾向が顕著に見られた。そして現在も、「家族や友人同士で食事をしていても、一人一人がバラバラにスマホに見入っている」ような現実がある。生身のぶつかり合いで傷つくのを恐れ、ＳＮＳにのみ「つながり」を求めてしまう子どもたち。学校からも、家庭からも、そして社会からも「見離されている」と感じてしまっている人たちが自らを傷つけたり、他者を傷つけたりしている姿。

そういったことに対して、50年前の私たちが学びとったのは、相手の声を聞き、そして自分の声を出して行動する、行動してつながる、ぶつかり合って作り上げる、行動し自問自答しながら、周囲と共に積み上げていく、ということではなかったろうか。人間という存在の原点としての、「人とつながる」「学ぶ」

「民主主義を貫く」姿勢であり、生身の人間同士がぶつかり合って、その軋轢の中から学ぶ、そして人と繋がっていく、ということで初めて得られるものではないだろうか。

一方、「民主主義」に対するバリ派の態度はどうだったろうか。さきに引用した『怨みをこめてふりかえれ』で、民主主義について、「校舎の壁」などにはりついている「化物」としていることが思い出される。バリ派のリーダー格の一人は、立高の正面玄関のバルコニーに立って「この学校の民主主義を粉砕するまで闘うぞ」と絶叫していた、という記録もある。また、バリケード封鎖が行われる以前の校舎の落書きに「日教組粉砕」というのがあったりしたし、新宿御苑の集会で「代々木［155ページ参照］に対する闘い」「都高教［111ページ参照］打倒」が呼号されたりしていた。

バリ派にとっては、日教組や都高教などに属する教員や、彼らが「代々木系」とみなす教員などが「民主主義」を説くことが「欺瞞的」に感じられたのではないか。つまり、「キレイゴトを言って真の闘いから目をそらさせ、日常を支えてしまっている」罪深い存在ととらえたのではないか。自分たちはそうして「生かされてきた」、それに対する「怨み」の気持ちを訴えたかったのではないか。彼らが陥ってしまった「落とし穴」は、自分たちは正しいとし、違う意見に対して謙虚に耳を傾けることをしない姿勢だったのではないだろうか。

私たち一人一人は、不完全な存在である。過ちもおかす。だからこそ、民主主義が大事なのではなかろうか。自他を尊重し合うことによってこそ、自ら生きる―自立できるのではないだろうか。

ひるがえって見たとき、50年前と比べて、民主主義は拡大しているだろうか。それどころか、最近では、国政レベルでも大切な決定の前提となるデータの改ざんが行われたりしている。だがそこで絶望して「正しい、と自分が思う意見を押しつける」か、「現実の社会が少しでも民主主義的になるよう努力する」か、は天と地ほどの違いになって行動に表れるだろう。ほんとうの危機とは、そういった現状に絶望するところから生まれるのではないか。「自分とは違う意見も、自分と対等のものとして受け止め、事実に基づいて誠実に議論していく」「一致点を大切にして行動していき、新しい価値を生み出していく」ことを、私達は「立高紛争」で学んだ。学んだことを生かしていくのは、私たち自身の課題である。ひょっとすると、民主主義というものは、人類の見果てぬ理想なのかもしれない。しかし、50年前の「バリ派」諸君も含めて誰しもが、「自分は一個の人格を持った存在として尊重されたい」と思っていることだろう。実現を目指す価値のあることではないだろうか。また、謙虚に学び続けることは、全ての人間存在にとって、何ごとをなすにおいても、必要なことではないだろうか。

注

14　セクトとは、一つの党派のこと。セクト性とは、対象に対して、多様でありのままにとらえるのではなく、党派としてしかとらえない傾向。

15　１９６９年の通常国会に提出された「大学の運営に関する臨時措置法」のこと。大学「紛争」に際して、それまで「大学の自治」との関係で困難とされていた警察力の大学構内への導入などを行い、収拾困難な状況が長引いた時は大学の停止、廃止など措置をとれるようにする内容を含む法律。

16 1969年8月、ハリウッドの映画俳優で妊娠中だったシャロン・テートが、お腹の赤ちゃんとともに惨殺された事件。

17 連合赤軍とは、1971年から72年にかけて活動していた反体制的な組織。「革命のための武装闘争」を志向し、国内で軍事訓練を行ったりしたが、その中で、「革命戦士となるために」として、「思想性が低い」と判断された仲間を批判し、自己批判を迫ることを「総括」と称した。それは社会的に孤立するにつれて暴力を伴うようになり、同志を何人も死に至らしめた。

18 第四回ユネスコ国際成人教育会議(パリ)は1985年3月29日、以下のような宣言を発表した。その一部を掲げる。

ユネスコ『学習権宣言』

学習権を承認するか否かは、人類にとって、これまでにもまして重要な課題となっている。

学習権とは、

読み書きの権利であり、

問いつづけ、深く考える権利であり、

想像し、創造する権利であり、

自分自身の世界を読みとり、歴史をつづる権利であり、

あらゆる教育の手だてを得る権利であり、
個人的・集団的力量を発揮させる権利である。［中略］
もし、わたしたちが戦争を避けようとするなら、平和に生きることを学び、お互いに理解し合うことを学ばなければならない。［中略］
学習活動はあらゆる教育活動の中心に位置づけられ、人びとを、なりゆきまかせの客体から、自らの歴史をつくる主体に変えていくものである。［後略］

第3部

資料　ビラ・冊子リスト

※ビラ番号、発行時期、タイトル、発行者、内容の一部の表記の順番、☆がついているのはテキストデータ化できたビラである。

ビラ番号	発行時期	タイトル　内容の一部表記
B０☆	'73／2／11	「歴史と体験の異相」大学一般教養社会学提出課題レポート（大学一年　秋月）
B１	'66／12／1	「立高新聞95号」［立高祭／演劇コンクール／後期執行／期待される人間像…］
B２	'67／11／25	「立高新聞１００号」［交換学生／危険な立高祭／体育祭／食堂閉鎖…］
B３	'68／4／11	「立高新聞１０３号」［交換学生／立高祭／自治／答辞・送辞…］
B４	'68／7／20	「立高新聞１０５号」［立高祭／再び木村君会長／無関心／処分／愛国心…］
B５	'68／9／20	「立高新聞１０６号」［立高祭／服装問題／食堂再開／女子合宿…］
B６	'68／10／4	「21ｓｔ立高祭　Ｏｃｔ４・５・６・13」立高祭実行委員会［文化祭プログラム／展示／演劇コンクール…］
B７	'68／12／14	「立高新聞１０７号」［立高祭／統一テーマ／演コン／クラス展示／体育祭…］
B８	'68／10／4	「教育を考える」（立高祭1Fクラス展示パンフ）［全学連／授業／試験／受験…］
B９	'68／11／13	「処分問題とは何か」（社会科学研究部）
B10	'68／12／22	「朝礼問題」（執行部）［ＨＲ討論の歩み　１Ａ／１Ｂ］［各クラスの討論状況など…］
B11	'69／4／11	「立高新聞１０８号」（？）［小倉君が当選／朝礼とは／ＨＲ問題／処分問題／服装問題…］

B12　'69／？　「修学旅行アンケート№１」（修学旅行員会）［我々修学旅行委員会は来年３月に行われる／A．次のコースの内／1．関西（京都・奈良中／2．山陽／B．修学旅行の意義／C．／自由時間をどの…］

B13　'69／？　「修学旅行アンケートその３」（修学旅行委員会）［先日のアンケートを集計／第１日目（以下自分の行くコースに○を／a．琵琶湖橋＝／第２日a．大原／j．大阪万博／第３日の自由行動］

B14　6／11　「立高新聞１０９号」［遠足／歓迎会／合唱祭］

B15　7／17　「立高新聞１１０号」［立高祭／交換学生／生徒会／原水禁／教育史…］

B16　10／3　「立高新聞１１１号」［会長に大宮君／欺瞞的立高祭／生徒会史…］

B17　10／3　「22ｎｄ立高祭　Ｏｃｔ３、４、５、12」立高祭実行委員会［文化祭プログラム／展示／演劇コンクール…］

B18　10／9　「おお　友よ　その調子をやめよ！」（文芸部有志　代表斎木）［現在私達は／の政治…］

B19　10／20　「生徒心得の再検討を!!」（２年有志）［私達がこの立高／公開質問状／職員会議の回答…］

B20☆　10／20　「檄文」（加多頭たけし）［全学バリケード無期限ストの事、十一月戦争の事／待たるるものは魂還り／一瀉千里にバリケード］

B21☆　10／20　「怨みをこめてふりかえれ」（立高徒党にせ乞食）［10・21反戦反安保教育秩序強姦ス

ト決行宣言　それは、はなはだ微妙な性の代数学であった。…」

B22　10／20　「10・21全学ストを貫徹せよ」（立高解放委編集局）［反戦　反安保　教育秩序に総反乱を10・20各HRスト決議後　討論集会に結集せよ　PM3：00噴水前　10・21スト決行　全校集会　AM9：00正門前広場にて」

B23☆　10／21　「全学総決起への第二宣言」（立高徒党にせ乞食もしくは肉感主義者同盟）［10月20日の／全討論に／中世の教会の処女／みにくいあひるの子だ／君たちへの闘争を宣言する」

B24☆　10／23　「1年2年3年生　立高生へ訴える」（執行部荻原）［現在／今我々にバリケード封鎖という問題がなげかけ／彼らが訴えかけた種々の問題に対して…」

B25☆　10／23　「10・22全学集会　執行総括」（執行部大宮）［確認事項／執行方針／HR議題　掲示心得　三項目要求（手引書粉砕・心得撤廃・単位制度廃）…」

B26　10／23　「10・22生徒集会総括」（立川高校執行委員会八木）［10月22日に／集会の初めに主催者側として会長が／バリストの是非／諸問題を積極的に討議して…」

B27　10／23　「参考資料　掲示に関する四項目の条項」（執行委員会）［1. ビラ・ポスターは／2. 不許可／3. 生徒部は／4. 主張どおり発表できる…」

B28　10／23?　「全校生徒へ　執行部より提案」（定時制執行部）［執行部では全校的に文化祭／提案文化祭を実施する　尚　日程については実行委員会において…」

B29　10／23　「バリケードの中より①」（?）［昨日のわれわれと定時制執行部との討論及び再封鎖

について…］

B30　10／23　「定時制諸君へのアピール」（？）［我々は昨日2A↓2D間のバリケードを解除しました／再度封鎖を続けて／マヤカシであり封鎖カンテツ…］

B31☆　10／24　「直ちに全学集会を実力で勝ち取ろう」（1D本村2E渡部）［本日学校側／バリケード封鎖解除断固阻止、問題の欺瞞的解決粉砕／直ちに第2朝礼場に結集せよ…］

B32☆　10／24　「バリケードの中より②」（？）［全ての立高生諸君　我々は10月22日／立高校舎2階の東側階段より／までを正に肉体をかけてバリ封鎖してゆく決意をここに表明／昨日の全校討論及び定時制執行部との討論及び再封鎖…］

B33☆　10／24　「生徒諸君に訴える」（立川高校）［バリケード封鎖というその手段は／封鎖解除は目下の急務／タイムリミットを10月24日…］

B34☆　10／24　「すべての立高生に他力本願ではなく…」（3年有志坂）［そのためには既制《ママ》の秩序教育問題／どうしても一致しなければならない点はバリケード解除である…］

B35☆　10／24　「バリケード封鎖に反対し教育問題の徹底的討論を・」（3G小沢）［…バリケードで封鎖／これはあまりにも我々を無視した／封鎖を解きクラス討論なり全学集会…］

B36☆　10／24　「当面私達は次の3項目を要求します」（1年2年3年有志）［①現在の執行部の態度は／封鎖を弁護②最低7日間のHR討論／③封鎖を解除し…］

B37☆　10／24　「反動的なバリケード解除／五項目要求貫徹…」（全学ストライキ実行委（準））［現在、学校側は3時タイムリミット／運動を収束しようと／5つの項目／全学ストライキを提起…」

＊五項目要求①生徒心得撤廃②処分制度撤廃③通達を代表とする文部省の教育管理に抗議せよ④職員会議の公開⑤進級規定から授業出席時間数の項を削除する（出席をとらない）

B38　10／24？　「事実経過①」（執行委員会）［20（月）中央委員会において／22（水）全定合同集会…］

B39☆　10／25　「文化祭へ向けて友情と団結を」（定時制有志MS）［〇私達が全日／私達が進めてきた文化祭の中でおこなって行けないのだろうか／友情と団結の輪を］

B40☆　10／25　「バリストに反対し真の問題解決を」（定時制有志）［1．10月22日／「問題提起」の方法はきわめて一方的であり、民主主義さえ踏みにじるものである…］

B41　10／25　「ふたたび生徒諸君に訴える」（立川高校）［…全学ストライキは／荒廃と頽廃を全校に拡大／昨日執行部が／問題提起として評価する…］

B42　10／25　「秋冷の候、PTAの皆様…」（校長新井）［…1．封鎖という違法な／2．解除に…内ゲバが起こらない／3．警察の導入は…］

B43☆　10／25　「全立高の斗う諸君に全学バリストを提起します」（立高所謂バリスト派）［…定時制諸君への／我々のバリケードは改良要求の／生徒総会を担った諸君に対し自己批判を要求…］

B44☆　10／25　「バリの内・外のすべての人の心に訴える」（2A沢井）［バリ内へ　日常性の／ベトナム戦争を支える／我々は日常性を可能な限り破壊した状態で可能な限り…］

B45☆　10／25？　「教育秩序に総反乱を①」（いわゆるバリスト派）［我々の斗争の原点は正に／1分1秒日々自らの意思／学園を民主化／敵対しているのだ…］

B46☆　10／25　「生徒総会の決議＝封鎖自主解除を即時履行せよ！…」（3G小沢）［①昨日の生徒総会において／いまや封鎖は何の意味も／HR討論／1人でも多くの人が意見を］

B47☆　10／26　「立高いわゆるバリスト派に対する私達の考え」（職員会議）［…全校バリストへ拡大するための準備であると／生徒総会の決定に挑戦し、生徒諸君の意思を…］

B48☆　10／27　「全ての立高生に訴える」（執行委員会）［本日10月27日／バリケード自主解除の理由を明ら／執行がバリケードの代弁者で／全く事実無根・］

B49☆　10／27　「バリケード撤去報告」（いわゆるバリスト派）［10月26日／斗う諸君に対しては全く解放／当局の攻撃に対してきわめて不十分／定時制執行部…］

B50　10／27　「定時制の学友へ」（いわゆるバリスト派かたつむりたけし）［私達は26日未明封鎖解除／その間の事情を説明／解放区を守るための物理的力としてあった…］

B51☆　10／27　「五項目要求全学ストライキへ①」（全学ストライキ実行委員会準）［学校側の事態収拾→授業再開／が何であるか／自己否定が貫徹されているとかいないとかいった…］

B52　10／27　「みたび生徒諸君に訴える　全学ストに反対する立場から」（職員会議）［…各大学の無期限全学ストライキの実際をよく調べ／生徒諸君と十分話し合いその実現のため…］

B53☆　10／27　「10月28日から11月5日までのHR／全学ストに反対し三原…」（3G小沢）＊三原

則要求　生徒心得　授業生活条件改善　男女差別撤廃

B54　10/27　「事実経過②」（執行委員会）

B55　10/27　「バリスト解除から新たな展望をきりひらけ　事態収拾策動粉砕」［バリケードの解除と／HRへの教師の介入拒否　授業再開策動粉砕　／断固とした教育批判を勝ち取り…」

B56　10/28　「「みたび生徒諸君に訴える…」のビラをみごとに粉砕」（バリスト派より）［今立川高校全ての人が／教育制度に対し真向から対立することによって、はじめておしきせでない…」

B57☆　10/28　「10・28～11・5連続HRを生徒総会で決定しよう　問題の…」（小沢）［1．実質7日間／私達は今日の全校集会を生徒総会にし／学校に要求しよう。／無視したのは誰か。…」

B58☆　10/28　「五項目要求全学ストライキへ②」（全学ストライキ実行委員会準）［去る10・24全学集会において／授業再開策動を許すな／当面立高全学の諸君　授業放棄を勝ち取ろう…」＊五項目：①生徒心得撤廃②10・20以降の処分を一切しない③職員会議を公開せよ④6分の1制を廃止授業を改革せよ⑤手引書・教育長通達に抗議せよ

B59　10/28　「紛争収拾策動を／弾劾する」（全学ストライキ実行委準）［我々の立場／今までの授業／学校の管理機構／こういった意味に於いて小沢派の運動は…」

B60　10/28　「読売新聞コピー　高校バリケード」

B61☆　10／29　「10・28生徒総会における三提案」（執行委員会）［中田提案・全校的クラス討論／鮫島提案・即時授業の開始／小塚提案／分散集会…］

B62☆　10／29　「提案理由解説」（小塚）［全体集会に於いて／クラスの成員以外の個人も討論に参加できる。／今まで先生方が／自己批判を…］

B63☆　10／29　「脚下照覧①」（3G鮫島）［昨日の『真の教育』に／俺達は本能的に勉学をしたい欲求があることはそれをなんびとに対しても否定…］

B64☆　10／29　「この文を他人と考えようとするならその場で捨てて下さい」（2年吉田）［…私にはバリケードストを手段として、自己の主張を提起した者を絶対に許す訳にはいかない…］

B65☆　10／29　「11・5までのHRを中心とする全学的討論を」（3G小沢）［我々は22日以後1週間を経過した現在解決の1歩も／①HRでの先生の意見等の押しつけ反対②生徒心得の全面再検討③授業内容生活条件の改善④男女差別反対⑤HR運営委員会の設立を要求する…］

B66☆　10／29　「現状への主張」（和田）［現状のはらんでいる2つの／民主的原則の無視と非論理的行動の典型としてナチスの例をあげてみる…］

B67☆　10／30　「人声天語創刊号─教師側の態度にと…」（立川高校一般学生ゴロツキスト派）［／全学集会に於ける事実確認での教師側の言葉と／まったくの矛盾にとまどって…］

B68　10／30　「人声天語第2号─小沢君のビラを読んで─」（立川高校一般学生ゴロツキスト派）

［…実にHRと彼は言ってるんです。／現教育体制を肯定した／特別教育活動の一環…］

B69☆　10／30　「一般生徒の立場から訴える」（2D中田）［…私達を敵であると言い／仲間だ一緒に教育に／私達をあまりバカにしないでくれ…］

B70☆　10／30　「みんなの力で新しい高校生活を作り出そう」（1C竹内）［…現行の授業をすべて否定し自主的なカリキュラムで授業をという発想である…］

B71☆　10／30　「我々にとってバリケードとは何なのか　いわゆるバリスト派の…」（小塚）［…労働力商品として生産されている／バリケードの中こそ不満や疑問を解決していく…］

B72☆　10／30　「白々しい自分の影を…」（旧一般生徒現在自己変革同盟〈自己変同〉村田）［…バリストに対する見解／解除に対する見解／我々は基本的に小塚案を支持する…］

B73☆　10／30　「立高の全生徒諸君に対して冷静な判断力を持って現状を…」（2Gホコ）［…バリスト派の人びとは現在の教育秩序を／教育の問題を解決する手段となり得ない…］

B74　10／30　「忌中第1号」（Hypocrites）［夜がそこまで／鮫島案は中田案とハタして／小塚案ははたして中田案の修正…］

B75　10／31　「中田可決案の内容」（執行委）［1．討論の方向性等の運営面は一切／3．討論中でも執行の認めた放送はできる…］

B76☆　10／31　「10月30日の生徒総会決議にもとづくクラス討論期間中の約束」［1．討論の方向性／クラスの生徒に／①教師の発言は／5．クラス討論運営委員会をつくる…］

B77☆　10／31　「主張」（和田）［私達が最大／生徒の総意に基づく現状の高校教育の改革／中田案のクラス討論運営委員会です…］

B78　10／31？　「バリケードが解かれ「どうでも良いから授業を／」…」（生かされることをやめる会）［…ほんとうにどうでもいいのかよ／我々は養魚場にいるところの魚と…］

B79☆　10／31　「立高職員会議よ恥を知れ！…」（所謂バリスト派）［…我々は教室の外では管理者であり／以下の点についての自己批判および文書発行の…］

＊教師20項目自己批判要求①23日の全定分離の策動②24日「生徒諸君に訴える」③24日生徒総会での定時制をおどしに用いての教師の扇動④24日午後4時80人のピケ隊諸君への東側階段での暴挙⑤25日放送機能を生徒の手から奪い取ったこと⑥25日執行部の全学集会要求を蹴ったこと⑦25日生徒の下校時刻を12時半としたこと⑧25日「ふたたび生徒諸君に訴える」⑨身体拘束29日9時半⑩25日ピケ隊への恫喝⑪27日8時45分までのロックアウト及び封鎖学生（もしくはバリケードの中に入っていたもの）は校内に入れないという態度⑫27日全学集会をやらずにHRへ生徒をおしこめようとし出席までとった教師がいたこと⑬その時点での生徒側放送機能のハクダツ⑭執行部の要請との討論で生徒総会開催時間を遅らせたこと⑮生徒総会でのバリケードの中に入った人間は生徒としてみとめないという発言⑯事実報告の際の誠意のないデマによる居なおり⑰「みたび生徒諸君に訴える」⑱2年の教室の5日間にわたるロックアウト⑲撤去報告撤回を望むという職員会

議の意思表明⑳29日生徒総会での秦教諭が読売新聞の記事を判断資料などとめいうって配布したこと

B80☆ 10／31 「真剣な討論を訴える」（2D中田）［昨日執行と職員会議の折衝／私の提案したクラス討論が／しかし昨日の現状は…］

B81☆ 11／1 「クラス解体の恐ろしさ」（2D太田）［現状の立高／すでにクラス解体宣言の行われたところもあります。／クラスには様々な思想を持った…］

B82 11／1 「人声天語第3号」（一般学生ゴロツキスト）［…中田君の提案が／民主主義的（まさに民主的なのだ）に決議／HR討論を1日1日いただき…］

B83 11／1 「父母の皆様へ①」（校長　新井）［…26日午前3時頃封鎖は封鎖生徒によって自主的に解除されました。…］

B84 11／1 「ついに出ました／高校ゲリラの唄」（？）［或る日突然バリが／革命の心おせばパトスの泉わく…］

B85 11／1 「討論資料　文部省高校生の指導手引書…」（執行委員会）

B86 11／1 「討論資料　文部省高校教育課程改善の答申…」（執行委員会）

B87 11／3？ 「定時制文化祭に対して」（森山）［私は10月31日及び11月2日の定時制文化祭を観賞したので、10月24日に定時制執行部が…］

B88☆ 11／4 「11月1日（土）各HRに於ける討論内容」（執行委員会）［1A出席者数45名自主ゼミ、クラブ、単位制／1C1F2D／3F3Hの各HRは／2名の委員を選出…］

B89　11／4　「抑圧の中から五項目を…」（5項目を推進する人のあつまり元全学スト実準）［Ⅰバリケードの緊張感が／Ⅱ我々が／①生徒心得撤廃／②10・20以降の処分を一切しない③職員会議を公開せよ④6分の1制廃止（出席をとらない）⑤学校側は手引書・都教育長通達に抗議せよ…］

B90　11／4　「事実経過③」（執行委員会）［27日バリが解放され／29日流会となり即時全学自由／＊生徒総会定数1167×（5分の3）＝700・2≒700名］

B91　11／4　「要求をだしあいクラス討論を深めよう　私は全学ストに絶対反対します」（1C竹内）［今後の討論の方向性／三項目要求（生徒心得　男女同数　講座制）／全学ストは何も生み…］

B92　11／4　「人声天語第6号」（立川高校一般生徒ゴロツキスト派）［…HRへの幻想を打破して／私たちは断固HR解体を叫ぼ／HR解体　全学集会へ結集せよ］

B93☆　11／4　「PLEASE　LET　ME　KNOW…」（3F中途半派）［…高校に対する文部省の圧力が手引書・教科書検定・通達・見解といった形で強化されつつ…］

B94　11／4　「文部省見解に断固抗ギする」（3G小沢　鮫島）［…高校生に政治活動に関する見解を／高校生を政治的にメクラの状態にしていき…］

B95☆　11／4　「第3回クラス討論運営委員会」（クラス討論運営委員会）［1A（35名）自主ゼミ／心得・単位制・評価・学校群・男女比・講座制・通知簿・服装・授業内容…］

B96　11／5　「教育の帝国主義的再編粉砕」（？）［…まさにブルジョアジーのナショナリズム高揚

論であり、抑圧の論理そのものでしかない。…」

B97　11／5　「11・5クラス討論に向けて」（執行委員会）［本日で7日間／単位制度に関する／午後は選択科目　自主ゼミ／成績評価／定期試験撤廃…］

B98☆　11／5　「学園の民主化路線による事態収拾策動粉砕」（立高所謂バリスト派）［小沢5項目要求路線の反動性／職員会議―民青一体となった事態収集策動を許すな…］

B99　11／5　「クラス討論報告書」（執行委員会）［?‥?‥?名　議題生徒心得の検討／1C?‥?‥?名?‥?‥?心得の一項一項について…］

B100　11／5?　「集まれ～3年の今後の展望と運動方針の提起とその説明会及び…」（いわゆるバリスト派）［現在何かにえきらない／中田提案を否定し現在「HR」討論に参加していないすべての3年生諸君…］

B101　11／5?　「黙契　臨時第3号」（立川高校内実連体派（旧ゴロ内実斑）［臨時第2号は都合により発禁／特集　授業を開始し教師と共に／どんなにナンセンスであるか!］

B102☆　11／5?　「ぼくのクラスのみんなえ」（他のだれでもない俺様より）［…クラスというコトバは／学校側に管理されるということを拒否している方々…］

B103☆　11／5　「全ての定時制の学友諸君に授業放棄クラス討論集会を提起する」（左侏儒（森山））［…定時制高校の位置とは中小企業の雇用対策／安い賃金を支払われ／全定合体の…］

B104　11／5?　「教育秩序に総叛乱を②」（立高所謂バリスト派）［…①成績評定撤廃②出席率撤廃③

処分制度撤廃④生徒心得撤廃⑤?・?「生徒会」?・解体⑥全教師20項目自己批判⑦教育問題検討委員会設立粉砕⑧5項目（小沢提案）要求粉砕を勝ち取ろう…」

B105　11/5?　「主体の放棄と君のゆくえ」（生かされることをやめる会）［私Ⅱ君は今の教育／本当に満足？／私Ⅱ冗談じゃないんだ／自分がなくてもいいさ…］

B106　11/6　「クラス討論報告書」（執行委員会）

B107　11/6　「11・6クラス討論に向けて」（執行委員会）［執行では今までの／生徒心得／全面撤廃か／手引書／生徒会の／男女問／職員会議…］

B108☆　11/6　「いんぽりてぃかる創刊号」（民狂友の会）［3年の全学友諸君　学年集会に結集せよ。／今行われているHRなるものは授業なのだ…］

B109☆　11/7　「（執行部の）公開質問状に対する回答」（職員会議）［生徒心得について／学則について／文部省手引書について…］

B110☆　11/7　「脚下照覧！②」（3G鮫島）［中田案が可決されて以来1週間、その間俺達は一体何を／授業を開始し、その中で教師と／11月10日～11月15日まで午前中授業午後HR／①生徒心得／②男女比③講座制④単位制⑤女子更衣室…］

B111　11/7?　「3年G組討論資料」（?）［3G男1．もっと我々が自主的に勉強できる場を／即刻授業再開を要求する…］

B112　11/7　「よたび生徒諸君に訴える」（職員会議）［…この中から自覚的に学校生活を／展望すら示しえないまま「解体」・「粉砕」を叫び…］

B113☆　11／7　「一切の事態収拾策動をはねのけ本日の総決起集会を圧倒的な各園管理…」（？）［…11・7全学総決起集会／国家権力下の学園管理機構粉砕」へ／この生徒総会において8項目の全体意思一致を圧倒的の／①成績評定撤廃②出席率撤廃③処分制度撤廃④生徒心得撤廃⑤HR、生徒会解体⑥全教師20項目自己批判⑦教検委設立策動粉砕⑧小沢5項目要求路線粉砕…］

B114　11／8　「単細胞の白痴的文書？　授業を開始し教師と共に考えよう」（1C竹内）［…なによりまず授業の再開を考えます。／授業を開始し、教師と共に考えてゆこう…］

B115☆　11／10　「11・10生徒総会議案書」（執行委員会）［…7日間討論の報告／今後の討論形態について／会長原案a．午前中教師と授業…］

B116　11／10　「今後についての提案」（1、2、3年有志近藤）［午前中は授業の形態を用いて学科担任と共に／期間は一応6日間／クラス討論運営委が…］

B117☆　11／10　「確認書」（生徒会、職員会議）［生徒総会の決議にもとづき／1．午前中は／2．午後は／実施にあたっての細目…］

B118　11／10　「現時点における授業再開は何を意味するのか」（立川職淫会議）［…全く内容の無い無意味なものに変えた諸君が授業再開を叫んで／無意味極まりない事態収拾…］

B119☆　11／10　「ペンの暴力許すまじ」（近藤）［…教師に対する不審《ママ》感をあおった／彼らに相反する行動をとる人達を「民青」だと決めつけ…］

B120　11／10　「十四項目貫徹斗争とは何か」（？）［…①成績評定撤廃②出席率撤廃③処分権撤廃④

生徒心得撤廃⑤「HR」「生徒会」解体⑥全教師20項目自己批判⑦教検委設立策動粉砕⑧小沢5項目要求路線粉砕⑨手引書粉砕⑩9・30教育課程審議会答申粉砕⑪10・6中教審答申粉砕⑫10・7文部省基準粉砕⑬10、20教育長通達粉砕⑭10・24都教委通達粉砕…」

B121　11／10　「新たな斗争に向けて」（?）［…我々の主体性へせまるべきものに／当面　科学＝技術論、日教組批判、管理社会の実態、花伝書、日大東大斗争総括を自主講座の内容としたい。…］

B122　11／10　「授業を再開し、真の学問を追求する第一歩を！」（3G小沢）［本当の授業の意味を考えよう／そういう批判力は普段の勉強を基礎にして…］

B123　11／10　「立川寺にある教師」（東工大受験者イナオリ共斗）［…教師、年寄るまで民主主義をがまざりければ／先達あらまほしきことなり。生徒然草］

B124　11／10　「なし崩し的授業再開を許さず…」（バリスト派）［「よたび…」はこの1週間の／生み出されてきた状況は何か…］

B125　11／10　「授業再開を望む諸君に向けて」（いわゆるバリスト派より）

B126　11／11　「ごたび生徒諸君に訴える」（立川高校職淫会議）［…定足数ギリギリで行われた生徒総会において／ゴタゴタの中で中田提案が／ネトライキ…］

B127　11／12　「2E諸君に訴える」（石山）（渡部）［昨日は／近藤提案の／採択を行った。ところが／諸君の態度にはあざむかれた…］

B128☆　11／12？　「脚下照覧その3③」（鮫島　小沢　木村）［現状を若干分析しよう。現在各クラスの討論はダレてきている／まして古田案などで授業放棄する…］

B129　11／13　「父母の皆様へ②」（校長　新井）［…11月10日に生徒総会が開かれ／1．午前中の学科担任と生徒との話し／2．午後は種々の問題…］

B130☆　11／15？　「11・17大衆団交を勝ち取ろう」（？）［…このような形で始められる授業は旧態のものと／自らの質を貫く／公開の場で…］

B131　11／17　「11・16官憲導入―17ロックアウトによる斗争圧殺を許…」（1、2、3年有志）［…我々は15日午前9時より／公開質問状の受理を蹴り／大衆的に明らかにしてほしい…］

B132☆　11／18　「何故休校を決定したか」（職員会議）［…一つの特徴は大多数の生徒諸君が学校内にいない／混乱がおきることが充分予想されました…］

B133　11／18　「緊急に生徒諸君に訴える」（職員会議）［…生徒総会決定後の学校全体の動きと／大衆団交について／立川署への要請について…］

B134　11／18　「父母の皆様に③」（校長新井）［…14日（金）午後5時頃「教育秩序に総反乱を」と／104名の署名を添えた公開質問状が…］

B135　11／18　「前略　PTA報でお知らせ…」（第2学年主任一同）［前略　PTA報でお知らせいたしましたような状態／左記の要領により学年会を開きますので…］

B136☆　11／18？　「署名簿」（3G小野　鮫島　小沢　木村　2G近藤）［私達は以下のような／1．学

B137　11／19　校側はロックアウトを／2．展望のある、創造的な授業の／3．5項目…」
B138　11／20？　「事実経過報告④　11月14日～16日」（立川高校）
「現在大学紛争の続いている九大の…」（鈴本）［…警察アレルギーは打破すべき／外力の介入にはならないという／高く評価されるべき…］
B139　11／20？　「定時制の／学校側の言う「封鎖」というウソッパチを告発する」（？）
B140　11／20？　「一体誰の決意なのかという我々の質問に対し新井校長は…」（？）
B141　11／20　「脚下照覧④」（3G鮫島　木村　小沢）［…約束が行われていたにもかかわらず警官が導入され／そのいきさつを明らかにさせる為の…］
B142☆　11／20　「署名をどしどしヤロウ」（署名責任者4名3G富田）［昨日の署名等の趣旨説明に言葉足らず、かつあいまいな点が多かった／我々の方針を改めて表明…］
B143　11／20　「欺瞞的「説明会」を許すな」（1、2、3年有志）［…11・16官憲導入―ロックアウト―お好み焼き的なし崩し授業再開による斗争圧殺を許すな…］
B144　11／20？　「ウソツキウソツキどおして嘘つくの?!」（加多頭たけし）［学校側のビラ自体、14～18日迄我々が／一切拒否した事実をどう踏まえているのか…］
B145　11／20？　「わたしは常に教師の正面からの対応を求めている」（他の誰でもない私より）［簡単に書いた私のまわりに起こったでき事11月15日／11月16日／それをしないうちに授業再開…］
B146　11／21　「父母のみなさまに③警察官導入の必要はなかった」（教諭浅野虎彦＋生徒母4人）

［…15日以降起こった（派生した）問題等について全体集会で／人命にかかわるような状態は何も…］

B147☆ 11／21？ 「全校生徒諸君へ」（執行委員会）［14日の有志に／17日以後の／執行に対する不信感が／この署名を担っていくことはできない…］

B148 11／21？ 「11・20学内抗議集会から11・2？・？・？・？・追及集会へ」（1、2、3年有志）［本日、欺瞞的な「説明会」の正体をあばき／断乎おしすすめてきたすべての諸君に／集会を提起し…］

B149 11／22 「学園紛争をめぐる新聞報道について」（職員会議）［…「朝日」「読売」は右のようにきわめて感覚的・扇動的な書き方をしています。…］

B150 11／23 「浅野虎彦教諭他バリ派生徒の母4名の主張に反論する」（職員会議）［…寒気強まる夜更け／彼らの欲する大衆団交の場／教師の人命の危険・教師の人権の重大な…］

B151☆ 11／23 「今後の方針について」（職員会議）［…11月20日の学校の説明会で／よく理解してもらうためにもう一度その方針を文書で…］

B152 11／23？ 「事実経過報告⑤11／14～11／20」（生徒会執行委員会）［14日（金）15：30／15日㈯8：45／17日（月）未明…］

B153 11／23？ 「注釈」（執行委員会）［15日（土）8：50「有志は不満に思い」について／20日（木）／教師側は情けない…］

B154 11／24 「私たち立川高校の父母は互いに手を／全面的に支持し…」（立川高校2年父母一同）

Ｂ１５５　11／24　「真実」（森山）［…なぜ私達は総務室に座り込んだか／封鎖はあったの／人身的事件について…］

Ｂ１５６　11／24　「騒々しき地獄からの訴え」（森山）［1．五項目無視について／授業の社会的な存在／2．警官隊導入／身体的／3．ロックアウトの…］

Ｂ１５７☆　11／24　「静かなる切なる訴え」（木村他35名連名）［…五項目要求自体が…という方針を無視／学校側にのませようと／教師側の体力・能力の限界…］

Ｂ１５８☆　11／24　「静かなる切なる訴えその２」（戸川）［…両者の姿勢の違いは感性／心情派の誕生／バリスト派の誕生／個人主義の崩壊であり全体…］

Ｂ１５９☆　11／24　「静かなる、切なる訴えその３」（橋上）［公開質問状に対して職員側が／以上のような疑問は当然／彼らの言う強行授業再開という…］

Ｂ１６０☆　11／24　「祈誓」（2年有志　中田　加藤他14名連名）［…長い時間と真剣な討論が必要／主体的に授業をうけつつ、／様々な問題を考えていくのは…］

Ｂ１６１　11／25？　「？？？？」（小塚）［現在の立高を見回してみよう。／なんとか話をしたいとこんなビラをかいている。／自治会設立…］

Ｂ１６２　11／26？　「署名簿」（３Ｇ志田　冨田　鮫島　小沢　木村　太田）［…１００分ＨＲ　風紀委　教検委　生徒総会…］

Ｂ１６３　11／26　「教育理念の再確立を」（３年有志　執筆３Ｃ西東）［…物質文明維持のための教育／学校教育の意味／教育における階級制／所謂「人間教育」に…］

B164　11／26　「現在の立高のすべての動きにケチをつける」（？）［昨日11／25の生徒総会／行われている授業／形式的に見ても／僕達が納得して…］

B165☆　11／29　「執行委員会解散・会長辞任表明」（生徒会長　執行委員一同）［…対権力闘争を担っていく事ができなかった／執行委員会の機構そのものに疑問をいだき…］

B166☆　11／29　「中央委に対する監査の見解」（監査委員会）［…中央委員会議長団に対し生徒会則第8条に準じて／生徒会長代行の決定は決して認め…］

B167☆　11／29　「執行討論資料」（暫定執行　会長横川）［暫定執行部とは何か／前執行部解散をめぐる背景／バリケードの質をもって貫徹していきたい］

B168　11／29？　「我々の闘争は教育秩序に総反乱という名で…」（？）［？？…紛争の当然の帰結で／僕は主体を持って討論に／受験戦争内／自己満足…］

B169☆　11／29？　「監査委員会の暫定執行に対する無節操な…」（暫定執行部）［暫定執行とは何か／大宮執行解散をめぐる背景…］

B170　11／30　「暫定執行を認めてはならない」（3G木村）「中央委解体宣言について」（1B倉田、橋田）

B171　11／30？　「擬制の終焉」（？）［戦後民主主義批判　自主講座闘争に向けて／暴力論／国家と暴力…］

B172　11／30？　「一緒に本当の師弟関係を建設していこう」（？）［ああ　もう信用できない／俺の先生はどこへ／自己へ還元してみよう…］

B173　12／1　「中央委は27日の決定を白紙撤回せよ！　中央委を…」（1C竹内　3G鮫島　小沢木村）［…このような重大な問題をクラスに全く図ることをせず、「緊急中央委員会を…」／重大な誤ち…］

B174☆　12／1　「中央委員会解体宣言」（中央委員会？）［…その内実的継承として横川暫定執行部が生ま／管理機構の一翼を担っている執行そのものを解体…］

B175☆　12／2　「生徒会長選挙に関して」（監査委員会）［監査というのは、あくまで生徒会規約である会則に／見解を出しすべてに中立でなくてはなりません…］

B176☆　12／2　「会長選挙に関して」（監査委員会）［監査は中央委員会の、会則を違反した決定は決して認めない／基づき矯正できる／身分証明に委託し…］

B177　12／3　「生徒会〝解体〟と〝全学追及集会〟について」（立川高校）［…ホームルームを基礎とした生徒会を否定した場合／強引に自己の意思をおしつけてくる者の…］

B178　12／3　「全ての立高生は12・3全学総決起追及集会に結集せよ」（立川高執行部）［…10・21以来叫ばれてきた「教育秩序に総反乱を」という事とは一体何かという事を…］

B179　12／3　「本日の集会を告発スル!!」（1、2、3年有志）［…授業ボイコットを伴なうもので、私達の授業を開始しようという確認／反するものです…］

B180　12／5　「まとまって行動を」（1、2、3年有志3G木村）［…「民青に引っ張られている」「セクト主義だ」「教師の手先だ」等の誹謗中傷が加えられて…］

B181　12／9　「自治会設立を！」（イヤミタラタラ路線貫徹斗争委員会）［自治会設立を！　と言っ

た時／あくまで現行教育秩序への根底的な問いかけをなさんとする…」

B182　12／11　「監査委員会より　日程及び投票方法」（監査委員会）

B183☆　12／11　「44年度後期会長選挙公報」（監査委員会）［…「授業をうけること＝権力者側ベッタリの姿勢」という問題のみにすりかえたのです。…］

B184　12／12　「バリスト派生徒の執行部室封鎖について」（職員会議）［…執行部室の扉が／理由について／内側からしんばり棒で固く戸を閉ざし、何人も入室を…］

B185☆　12／13　「私達の方針」（1、2、3年有志3G木村2B中林）［…全校生徒の総意を反映させる場としての生徒会／どんな時でも必要だと思います。…］

B186　12／15　「生徒会の存在を問う」（エセ民主主義者によるエセ民主主義生徒会）［…生徒会の正体があからさまに暴露／民主主義とは多数決への盲目的服従でしかなく…］

B187　12／15　「欺瞞的な会長選挙を許さず投票を拒否しよう！」（イヤミタラタラ路線貫徹斗争委）［18日会長選挙が目前に迫って／旧バリスト派の脱落者としてここに一筆書きたいと思う。」

B188　欠番

B189　12／15?　「立高生よ！　奮気《ママ》せよ！」（44年度会長候補2年B組中林）［文部省通達、また非人間的かつ反動的な動きをみせる教科書検定制度、中教審の中間報告…］

B190☆　12／16　「新たな進展に備えて№1」（2G和田）［…現状ではビラを出したり生徒会活動に参加することが、自らの孤立を招き…」

B191　12／16　「２Ａの諸君にしつこく訴える」（小塚）［昨日５時間目２Ａ教室で何が／先生　質問があるのですが／授業をやる…］

B192☆　12／17　「新たな進展に備えて№２」（２Ｇ和田）［…今何も起こってないのでしょうか／民主的な組織が認められなくなる…］

B193☆　12／18？　「叫び」（監査委員会）［17日放課後いわゆるバリスト派の人々が監査室に押し掛け／まさに監禁でしかない／訴えざるを…］

B194　12／18？　「浅野虎彦教諭に対する暴挙を許すな」（２、３年有志）

B195　12／19　「公開質問状に署名を」（２年有志）［私達は10・22／６名の教師に自宅待機をさせたのは何故か／６名の教師が職員会議に出ていない…］

B196　12／19　「教師―民青―監査三者一体となった生徒会再建策動に依る斗争圧殺を許すな」（？）［ここに全ての立高生諸君に対し／斗争の質に対して明らかに敵対して／生徒会解体の内容は片思い…］

B197　12／20　「昨日の監査―民青の「生徒会長選」独断専行を告発し、12・22からの期末テスト…」（？）［…大宮会長→横川会長に於ける革命性を単に規約の問題や努力不足に封じ込めようとした運動…］

B198　12／20　「我々の力強い運動のために」（？）［私達は／教師は／管理する立場に／１．生徒会則の／再検討／２．講座制の設置／３．政治…］

B199　12／20？　「再び２Ｅ／単位制度の撤廃を」（渡部）［…単位のためよと授業に出／我々をそのよ

うな教育に縛り付け／単位制度の撤廃を要求する…」

B200　12／24　「公開質問状に答える①」（職員会議）［…自宅研修者は1名であり／6名とは誰のことか／彼が10月21日以降教員としての責任…」

B201☆　12／31　「生徒諸君に―処分に際して―」（立川高校）［…退学者四名及び確約書提出者二十四名を決定し／依願退学を認める／教育学習の場における…」

B202　12／31　「父母のみなさまに④」（校長　新井）［…退学者4名は／全く反省がなく／止むを得ず退学の決定をしました…」

B203☆　'70／1／8　「生徒諸君に―今後の教育問題についての中間報告―」（職員会議）［職員会議は一月七日／カリキュラム／均質クラス／3学期制／生徒心得／生徒会の組織…」

B204☆　1／8　「〝大量処分―立高アウシュビッツ〟粉砕斗争に起て」（立高荒野の7人部隊）［職員会議は／12月31日退学者4名／学園秩序を全面的に前提にした言葉しか…」

B205　1／8　「満身の怒りを込めて／大量処分粉砕斗争に於いて」（立高斗争支援ＯＢ連絡会議）

B206　1／8　「…立高アウシュビッツ／連帯を呼びかけます」（荒野の7人部隊）

B207☆　1／8？　「中央委員会を再建し新たなる創造への出発を」（小沢、木村他15名連名）［昨年「中央委員会解体宣言」等が／中央委員会はまひ状態になって／各クラスでこの問題に…」

B208　1／10　「父母の皆様に⑤―浅野虎彦教諭問題―」（職員会議）［…昨年末に週刊アンポ3号、今年に／文芸春秋2月号など／事実誤認、ねつ造…」

Ｂ209　1／10　「心中№1」（じょうるり研究会）［冬休み中／我々の目の届かぬ所で／退学4名／処分制度に対して断固闘わなければ…］

Ｂ210　1／12　「公開質問状に答える②」（立川高校？）［一月八日、生徒会長及び一、二、三年有志から提出／処分した理由／民主的運動をどのように受け止めるのか…］

Ｂ211　1／12　「12・31抜き打ち大量処分に抗議せよ」（処分制度粉砕連絡協議会）［…黙殺暴力の総仕上げであり／教育のワクの中に押し込め…］

Ｂ212　1／12　「講座制検討委員会の設立とメンバー募集について」（生徒会長）［私達を取り巻いている状況は様々で／正しい世界観や歴史観を各自身に着け…］

Ｂ213　1／13　「処分改革路線による闘争圧殺粉砕①」（？）［12月31日／権力者の側の論理として／改革案の内容／大衆懐柔である…］

Ｂ214　1／14　「処分改革路線による闘争圧殺粉砕②」（空九郎）［12月31日のあの未曾有の大量弾圧と相まって／1月8日…］

Ｂ215　1／14　「全ての高校生　労働者／に訴える」（立川高校斗争を支援する三多摩高校生共闘（仮名）

Ｂ216☆　1／14？　「私たちの主体的姿勢の確立を」（生徒会長2Ｂ中林）［私達のまわりには実に多くの矛盾があり／授業においては批判的かつ創造的姿勢を…］

Ｂ217☆　1／16　「受験戦線からの悲痛な叫び」（元2ＡＨ演コン生き残り）［…我々には卒業受験等割り切ることの／エリート高校立高をでるもの…］

B218☆　1／16　「生徒諸君に―校門付近の事態について―」（職員会議）

B219　1／17　「1・18三多摩高校生決起集会に結集せよ」（立高荒野の7人部隊）［あの12月31日／7人部隊による校内への突撃が／日共スターリニストによる…］

B220☆　1／19　「講座制検討委員会発足のお知らせ」（講座制検討委員会）［…1月14日1、2年11名をもって／1．原案資料を作成…］

B221　1／19？　「アンケート　講座制について」（講座制検討委員会）［1．講座制（カリキュラム・授業）の面からの改革をどう思うか…］

B222☆　1／20　「学習権の侵害に断固抗議する」（木村、鮫島、小沢）［昨日（十九日）、ヘルメット姿を／私達が立高にきて、勉強していること／もういっぺん考えて…］

B223☆　1／21？　「反逆宣言」（？）［何かいいたい、何も言えない／これこそ現在の立高の状況で／民主主義とは／バリケード…］

B224　1／22　「大量処分抗議集会／処分者《ママ》を我々の手で…」（？）［…本日12時15分〇〇秒より立川高校正門前に於いて…］

B225　1／22　「均質クラス・学期制に関するアンケート」（放送部）

B226　1／22　「講座制検討委員会ではこの間皆さんに協力して…」（講座制検討委員会）［…講座制そのもの／かなりの生徒が賛成／立高全体一丸となって…］

B227☆　1／23　「外人部隊侵入に断固抗議する」（生徒会長（準）執行委員会）［1月22日HRの始まったすぐ／うず巻きデモをくりかえし／野次馬根性で…］

B228　1／23　「…立高アウシェビッツ体制を…」（中大附高全共闘）

B229　1／23　「校内速報」（立川高校公報係）

B230☆　1／24　「生徒会長及び執行委員会（準）声明」［10・21に始まる異常事態の中で／1．生徒会憲章（仮称）／3．講座制検討委員会…］

B231　1／26　「1・26処分白紙撤回／総決起集会」（?）

B232　1／27　「あらゆる弾圧をはねのけて斗おう」（?）

B233　1／27　「昨日の集会弾圧／抗議する」（?）

B234☆　1／29　「どうして講座制を推し進めるか（その見解）」（講座制検討委員会）［講座制を推し進めるにあたって再度／授業を受ける―商品化される／真の教育に一歩近づけるために…］

B235☆　1／29　「検討委員会としての、講座制の設置とその原則の原案…」［検討委員会として／設置とその運営の原則の原案を提起／今の増加単位を削って2年2講座…］

B236　1／29?　「生徒会を自らの手で」（執行委員会）［学園自身がかかえている矛盾を理由に／生徒会解体やHR解体等が／どんな小さな問題でも各自が…］

B237　1／29?　「1・31全都高校生立高処分…」（?）

B238　1／31　「全ての戦闘的学友は立高襲撃闘争に総決起せよ！」（?）

B239　1／31?　「調査を書く前に」（執行委員会）

B240☆　2／12?　「講座に関しての報告」（生徒会長中林）［この報告をもとに／討論し講座制に対して

の皆さんの…」

B241　2/16?　「官憲に守られた入試を告発する」(?)［全ての反戦中学生は／その足を断固停止し／「民主的」と「自由」と…］

B242　2/16?　「二年生諸君へ」(2年学年会一同)［春休み中に実施する予定で／修学旅行は／実施する見通しが立ちません…］

B243☆　2/20?　「立高の民青とは何か」(和田)［…友人の間にも不信がある／授業開始と生徒会正常化に努力する人を全て民青と…］

B244☆　2/20　「自由選択科目の設置にあたって」(立川高校)［昨年11月以来検討／数年来ゼミナール的／いろいろな形でくみあげ／逃避の場や補講の場…］

B245☆　2/23　「今後の方向」(執行委員会)［1. 調査結果報告　回収率71%／2. 自由選択科目をおくことに賛成61・3%…］

B246　2/23　「自由選択科目協議会の設置とメンバーの選出について」(執行委員会)［2月21日学校より自由選択科目の設置にあたって／各HR／2名…］

B247　2/23?　「新しい天文学」(1C市田1E鈴木)［天文学、それは現代の奇跡で／新カリキュラムの一つとして行う…］

B248　2/23?　「音楽授業に関するアンケート」［…いままで行ってきた授業の形式について／今後どうしたらよいか…］

B249☆　2/24?　「21日に教師側から報告が出されましたが…」(自由選択科目協議会)［…各クラスの

B250☆　2/24　有志から出ているテーマを生徒にアピールして…」「新しき生徒会に向けて」（執行委員会）［…何もなかったとして沈黙するのではなく／かなりの長文にわたるが…］

B251　2/28　「2・20報告そして見つめてほしい…」（国立高校1学年共斗会議［諸君2・20に何が起こったか／我々に弾圧を加えてきた…］

B252　3/5　「執行委員会（準）声明」（執行委員会（準））

B253　3/17　「生徒諸君に―均質クラスと学期制について―」（職員会議）

B254　3/20？　「強固なる生徒会運動の隊列へ―君も加わろう―」（44年度生徒会長・執行委員会　45年度生徒会長）［新1年生諸君　我々は真実と改革をめざす／マスコミやジャーナリズムの／実践的姿勢の確立を…］

B255　3/20？　「力強い前進への連帯を」（3G鮫島、小沢、木村）［何でも思いつくままに／高校生徒会のギャップ／輝かしい立高の伝統と…］

B256　3/20？　「異常事態の事実経過」（立川高校）

B257　3/20？　「三橋保彦君を次期会長に」（2B中林他17名連名）

B258　3/20？　「みとせ」（文集）

B259　3/20？　「1970年同予算」（後期予算委員会　後期生徒会長）

B260　3/20？　立川さん自筆原稿／レポート用紙

B261　3/30　「自由選択科目へ向けて」（自由選択科目協議委員会）［昭和45年度から／実施する／

みんなの手で改善していくことを提起します…」

B262　70／4／?　「高く、大きく、湧きたてと」（秋月　蛭川）

B263　4／15　「立高新聞112号」［全人評価…文芸部廃部…講座制…会長に三橋君…バリケード…」

B264　5／?　「BiG　News…これだけもって八ヶ岳にいこう！」（3AD遠足委　15日は高尾北口に総決起せよ…5／15　8：40高尾北口集合―清里　府中山荘…八ヶ岳　牛首山登山…」

B265　5／9　「立高アウシュヴィッツの壁は厚く、されど打ち破らん」（立高全共闘準）［…全ての学友は一切の現実を自らの主体性の復権をもって告発せよ…事実経過…」

B266　5／9　「玲瓏　創刊号」［資料　生徒諸君へ　44・10～45・3」

B267　6／4　「虚言綴り第0章（1）立高闘争総括」（いわをひそか）立高新聞103号（6）面?

B268　6／25　「玲瓏　創刊号②」［バリストを否定…10・22バリケード封鎖…卒業式…」?

B269　9／?　「立高文集創刊号　受験」

B270　71／1／21　「立高文集VOL．2　友だち」

B271　1／?　「立川高校創立70周年記念誌別刷」

B272　3／?　「立高文集№3　立高生と伝統」

あとがき

今回私たちが収集したビラ・文書を読んだ結果、「立高紛争」に関して現在のネット空間などにある、当時についての情報は一方的に偏ったものしかない、と私たちは感じた。例えば、バリケード封鎖を主体的に担った生徒たち、それに反対した生徒たち以外にも、どれだけたくさんの「個人ビラ」が発行されたか。また、一人ひとりの生徒たちの考えがいかに揺らいでいたか。そういったことは伝えられておらず、ステレオタイプ化した描写が目立つ。

それに対して、私たちは、このままでは埋もれてしまう資料をほりおこし、「ありのままに」当時を再現しようとした。結果的に、小著作成の本実行委員会に集ったメンバーは、時間を急いだこともあって、本文の中に出てくる「８００名署名」を担った者たちとなった。私たちは議論を重ね、あの「紛争」で問われた最重要のテーマとは民主主義であり、自立した個人の人間的発達を保障する基本的人権としての学習権である、という考えに到達した。そういう認識で紡がれる小著の叙述には、違和感を覚える向きもあるだろう。だが、そこでより多くの方々の発言が加わり、議論が活発化することこそ、私たちの望むところである。

ところで「まえがき」にも書いたように、小著は、23期生の志村修司氏からの資料提供がなければ、もっと不十分であいまいなものになってしまったことだろう。彼からは、さらにクラス討論運営委員会の克明な記録の提供も受けた。また、彼は後に母校の教員となり、四季おりおりの立川高校を膨大な写真におさめた。この本をつくるにあたって多くの写真の提供を受け、自分が撮影したものであることをネガから確定するために、私たちと共に母校に足を運んでくれた。ここに特に記して、深謝したい。なお、その写真を保管していた紫芳会（母校の同窓会）の野口明子事務局長をはじめとする事務局の皆さんには、多忙なお仕事の時間を割いて、志村氏が撮影した写真などを集めた多数のアルバム、ネガやポジのフィルムの数々などを用意していただいたりした。この場を借りて謝意を表したい。その他、写真については浅野鴻志先生が撮影したものも使わせていただいた。それ以外のものは、私たちが準備し、撮影したものである。

すでに物故されている秦恒彦先生、目黒宏次先生が丹念に発行順にファイリングされた資料を使わせていただく時には、当時の先生たちの思いが伝わってくるようだった。泉下の先生たちもこの本の完成を喜んで下さるのではないか。必ずきちんとした、恥ずかしくないものを作り上げたい、と意を新たにしたものである。

ご健在の恩師のなかでは、井上智子先生、深澤邦弘先生の激励やアドバイスを受けたが、細かい点まで平田和子先生にチェックいただき、特に「ドルトン・プラン」「南口浄化運動」「交換学生問題」などの点についてご助言いただいた。『樹上のゆりかご』（荻原規子）や『モーニング・レイン』（井上一馬）の示唆も貴重なものだった。

50年という歳月、人間の一生と比較しても十分な長さと言えようが、小著のようなものが誕生するには、それだけの年月が必要だったのかもしれない。もう既に、先生方ばかりでなく、バリ派のリーダーをはじめ、何人もの学友たちが鬼籍に入ってしまった。そしていま、この世に生きている私たち…。あの時、立高という同じ舞台で、もがいて生きていた全ての生徒たち、教員たちにこの本を捧げたい。読んでくださった方、ご意見・ご感想などを、出版社の同時代社まで送っていただければ幸いです。

２０１９年12月

22期：飯島雅行、小石沢学、小泉秀人
23期：安藤弘明、小林新治、田中正美、望月正大（五十音順）

鉄筆とビラ——「立高紛争」の記録 1969－1970

2020年3月30日　　初版第1刷発行

編　者　　都立立川高校「紛争」の記録を残す会
発行者　　川上　隆
発行所　　株式会社同時代社
〒101-0065　東京都千代田区西神田 2-7-6
電話 03(3261)3149　FAX 03(3261)3237
E-mail：doujidai@doujidaisya.co.jp
装丁　　クリエイティブ・コンセプト
組版　　いりす
印刷　　中央精版印刷株式会社

ISBN978-4-88683-871-1